拙耕㊟瑣記
之貳
出版社

臺南府城文化記述

陳添壽 著

臺南人、
府城事、
家鄉情

目 錄

第三部分　文創新意 　　　　171

自 序

　　這本書是我繼 2013 年《文創產業與城市行銷》、2016 年《文學、文獻與文創》二書之後，再整理出版自述性的散文書。前述二書的部分內容，是收錄了我近年來藉赴各城市參加會議，分別踏查了天津、廈、漳、泉、青島、寧波、上海、哈爾濱、東京、首爾等城市的文化記述。

　　我在書寫了這些城市的文化記述之後，自覺卻未書寫對自己生長的臺南故鄉，實感有所虧欠，而且這遺憾的感覺有越來越強烈的趨勢，一再激發我應該對育我長我的臺南府城有所回饋。

　　於是我開始實現書寫臺南城市文化記述的構想，決定先寫，然後在臉書（face book）發表。主題就圍繞我臺南後壁的安溪寮老家「拙耕園」，臉書就名稱為《拙耕園瑣記》的一系列雜記。

　　「拙耕園」意涵，是當今向晚之年，我有陶淵明〈歸去來辭〉的「田園蕪，胡不歸」感受。記得大學時代，我曾到中文系選修詩詞的課程，汪中老師還介紹了這位田園大師的另一首〈歸園田居〉。

　　〈歸園田居〉共五首，而其中的第一首：「少無適俗韻 性本愛丘山 誤落塵網中 一去三十年 羈鳥戀舊林 池魚思故淵　開荒南野際 守拙歸園田 方宅十餘畝 草屋八九間　榆柳蔭後檐 桃李羅堂前 曖曖遠人村 依依墟里煙 狗吠深巷中 雞鳴桑樹巔 戶庭無塵雜 虛室有餘閑 久在樊籠裡 復得返自然」。其中我又獨愛「開荒南野際 守拙歸園田 」。

　　亦誠如我在《拙耕園瑣記》的〈卷首語〉所寫的，「拙」是笨拙，亦有代表自己笨於文學創作；「耕」則有要求自己不忘出身臺南的勤於農事，爾後因為受教育和工作，倖有機會養成自己閱讀與書寫的幸福園地。

　　所以，《拙耕園瑣記》是我努力以「臺南人、府城事、家鄉情」的在地文化記述，發表對臺灣這塊土地「所讀、所見、所聞、所思、所評」的關懷，我嘗試學習林語堂「無（五）所不談」的書寫境界，雜記下來自己的觀察與感想。

　　猶記得 1970 年 4 月 12 日我在臺南南一書局，買了一套胡適寫的《胡適留學日記》（4 冊），那是在我正為 7 月準備考大學前的幾個月，現在回想起自己當時，是多麼的狂熱和放縱。

　　我狂熱的，是自己仰慕胡適在美國留學階段，從 1910 年至 1917 年的持續書寫日記，堅持他的求學與學術研究精神；我放縱的，是羨煞胡適異國浪漫情懷，而不顧自己面臨大學聯考的逼近，堅持自己喜歡的閱讀，買了這一套「閒書」。

　　《胡適留學日記》原書名為《藏暉室箚記》，是民國 28 年（1939）由上海亞東圖書館出版；民國 36 年（1947）轉由商務印書館印行，書名改稱《胡適留學日記》，1969 年臺灣商務印書館二版發行。

　　在我當年考上輔仁大學圖書館系，負笈北上之後，這套書我都一直帶在身邊翻閱，隨時調適自己在異鄉的大學生活。縱使碰到寒暑假，我仍然放進包包，帶回臺南老家。迄今，我都還將它放在書房的架上，它一直深深影響到我今天的閱讀與書寫。

　　還有一套高拜石寫的《古春風樓瑣記》（32 冊），主要內容是以近百年來的國事、家事、天下事為題材，無所不談的書寫入這一套的瑣記中。回溯 1970 年代末期，我因工作關係，時與《臺灣

新生報》的友人有所往來。每當《古春風樓瑣記》的專欄文字，在該報登載後，即輯單行本出版。我有幸承蒙好友贈送其中本書，若再遇有缺集，我就自己設法購買閱讀，並滿足愛好蒐藏圖書的那一份感受。

胡適在我《胡適留學日記》的自序中說：「要使你所得印象變成你自己的，最有效的法子是紀錄或表現成文章。」（Expression is the most effective means of appropriating impressions）。我敬佩胡適不斷地閱讀與書寫，並以做提要、箚記、寫信、談話、演說、作文的方式，來建構他的完整思想體系；我也欣賞高拜石《古春風樓瑣記》的書寫風格，我深受他們二位的影響至今，也培養我日後喜歡閱讀與書寫的習慣。

我書寫《拙耕園瑣記》的起訖時間，開始於 2014 年 7 月 5 日的〈卷首語〉，結束於 2017 年 3 月 7 日的〈卷尾語〉，我大略計算了一下，總共發表近 300 篇，我也效法梁實秋與老舍的書寫要求，每篇約 700 字，總計 20 萬字左右。

閱讀梁實秋在 1982 年發表一篇〈關於老舍〉的文章，裡面寫道：「這是四十多年前的事了，當時老舍和我都住在四川北碚。老舍先是住在林語堂先生所有的一棟小洋房的樓上靠近樓梯的一小間房屋，房間很小，一床一桌，才可容身。他獨自一人，以寫作自遣。有一次我問他寫小說進度如何，他說每天寫上七百字，不多寫。…他寫作的態度十分謹嚴，一天七百字不是隨便寫出來的。他後來自己說：『什麼字都要想好久。』……。」

我就是受到老舍一天七百字的鼓舞，才自不量力的想學學老舍的功夫。雖然我不是如老舍每天寫，但屈指算來，我的《拙耕園瑣記》也已寫有 2 年 6 個月的光景。

　　現在我已從《拙耕園瑣記》中，分別整理出我母親與「拙耕園」有關的記述部分，於 2017 年 6 月彙集出版了《我的百歲母親手記——拙耕園故事》；至於，我在中央廣播電臺主持【知識寶庫】節目的廣播稿，和在臺灣日報撰寫專欄【側寫女性人物】的文字稿，彙編成的《近代名人文化記述》，刻亦由出版社排版中。這兩本書的催生，是我在書寫《拙耕園瑣記》過程中的始料未及作品，感覺格外具有自己閱讀與書寫人生的歷史意義。

　　《拙耕園瑣記》所累積的文字，經過我的上述梳理後，相形之下當更能凸顯我對臺南府城的文字意義。於是我決定將其內容，加以審修，並加以分類為鄉居記憶、地方文誌、文創新意、歷史檔案等四部份。我非常樂意以《臺南府城文化記述》的書名來出版，也希望有助於大家對我故鄉臺南府城的歷史文化，和臺灣文創產業發展有進一步的認識，因而喜歡上獨有的臺南風土民情。

　　最後，我要特別感謝元華文創公司蔡佩玲總經理、陳欣欣主編和她們的編輯團隊，她們大膽地接受，將我發表在臉書的《拙耕園瑣記》，分別編輯成《臺南府城文化記述》、《我的百歲母親手記——拙耕園故事》，和《近代名人文化記述》等三本書。

　　2017 年 6 月紙本的《我的百歲母親手記——拙耕園故事》已經出版，《臺南府城文化記述》電子版於 2017 年 7 月發行，值此 2019 年歲末再發行《臺南府城文化記述》紙本圖書，深感欣慰歡喜。在此，誠摯希望讀者會喜歡我的書寫風格，更盼望各界給予不吝雅教。

陳添壽　謹識

2019 年 12 月臺北城市大學圖書館

卷首語

　　《拙耕園瑣記》的「拙」是笨拙，亦有意代表我自己；「耕」則有農耕和筆耕的耕讀意涵，我要求我自己不忘出身臺南農家，後來因為受教育和工作，倖有機會逐漸走向筆耕之路。

　　所以，《拙耕園瑣記》是我將努力嘗試自己在已過耳順之年，雜記自己「所讀、所見、所聞、所思、所評」的一塊園地，我將學習林語堂「無（五）所不談」的風格來書寫。

　　我從不敢說自己的文字記述是一種創作文學，正如我不敢說自己的教學研究是一種專業學者，我只能勉強稱自己是一位喜歡「閱讀與書寫」的讀書人。（2017.07.05）

第一部分　鄉居記憶

夏日草蓆的妙用

　　這幾天臺北天氣悶熱，我想買草蓆或竹墊類的產品，到了市場才發現草蓆幾乎已被竹製產品所取代。

　　猶記 1960 年代盛行草蓆的時期，這帶給我小時候在臺南鄉下的生活回憶。夏日時節，每當太陽西下時分，老家屋前庭院的水泥地，由於經過一整天陽光的照射，總是餘溫尚存。

　　這個時候，我就會把洗澡用過的水，將它灑在水泥地上，先讓地面降溫，並等乾了之後，再把草蓆鋪上，這時母親已從田裡回到家，而且兄姊會事先準備好晚餐，大夥用過晚餐之後，我們就會習慣躺在這張已有涼意的草蓆上，邊望著遠方星星邊聊天，反正這時候屋內也熱，蚊子又多，父母親實在不忍苛責要我們進屋裡看書，有時候我們會在草蓆上睡著了，直到天氣轉涼。

　　如今，令人惋惜感慨的是，工廠製作的草蓆行業已經沒落；所幸，巧手編織的草蓆包包等創意產品，特別是在臺南的關廟、後壁等城市，已成為在地的文化產業特色，真正印證「只有夕陽產業沒有夕陽產品」這句話，更為臺灣的文創產業開闢出一條新的路徑來。（2014.07.21）

中元普渡與安溪福安宮

　　我們選在今天中午，在萬隆的自家舉辦中元普渡。我們家的儀式非常簡單，首先是我買了池上的雞腿和排骨便當各一，外加單點鱈魚一塊，水果則是龍眼一串、水蜜桃一個共五件供品。

　　想起小時候，在後壁安溪寮老家的中元普渡，父母親都是配合村子裡活動，在 7 月 15 日的這天一起舉辦。母親大概在過了中午，就開始把事先已經準備好的蘿蔔糕、粽子，還有從白河買回來的龍眼，分別放在兩個大的竹籃子裡，由家中的「大人」，通常是父親會用扁擔，挑到越靠近福安宮廟前或廟旁的地方，就越理想，聽說神明會保佑得越多，不知是否真實。

　　而且供奉祭品擺設的位置，特別要選擇有屋簷的陰涼處，否則祭拜開始的時間，從炙熱的下午起，到全程儀式的完成，再等供品挑回到家裡，計算在外曝露時間幾乎長達 10 個小時，東西很容易壞掉。

　　老家後壁安溪寮福安宮的主祭神是清水祖師，我的推測是，我們安溪寮的三個村子，包括頂安村、長安村和福安村的住民，大多由福建安溪縣遷居而來。

　　另外，我們的村名「安溪寮」亦沿用「安溪縣」而來，同時，跟隨過來信仰的黑面（臉）清水祖師，我們習慣用閩南話尊稱「祖師公」。我還記得小時候，身體遇有不適；或是家中有喜事，父母親還會恭迎神明，供奉「祖師公」在家裡大廳祭拜，祈求保佑闔家

平安、身體健康，崇信清水祖師和媽祖成為我淨化心靈的民俗活動。
（2014.08.09）

《輔大圖書館學刊》創刊號

上午整理舊資料，發現一張不起眼，但已經泛黃的剪紙，仔細一看，是我 1972 年 6 月 9 日登在《輔大圖書館學刊》創刊號的發刊辭：〈我們的方向——走進圖書館〉，我自認為彌足珍貴。

其中有段文字寫道：

「吾人是將來圖書館事業的中堅鬥士，是國人與知識寶庫的中間橋樑，道遠任重，能不惕勵？緬懷五千年的歷史文化與西近科學的文明都提供了足夠資料給吾人應用，能不深自期許？『翻舊書、看新書、寫書評、作提要』，更是吾人在大學時代『走進圖書館』的最大課題。民國六十一年五月十八日記於文學院文友樓」。

這一篇舊作讓我追憶起，當年在填寫大學聯考志願表時，我的堅持以臺大哲學系為第一志願，當填到輔仁大學時，二姊以她在臺北念書，返鄉在國中教書的經驗告訴我，在那個美國圖書館行業正夯的 1960 年代，二姊建議我將圖書館系志願填寫在哲學系的前面。

我非常感謝二姊的引導，也所以我到現在對於那位喝酒開車撞死我二姊的憾事，一直不能釋懷。今天，我重讀這篇舊作，我的眼眶濕了，我對我已故二姊的懷念也更加深了。（2014.09.03）

我構思撰寫《近代學人著作書目提要》

教師節接到學生的祝賀，頓時心裡覺得厚實起來，好像這世界上還可以找到自己活著的位置。這也真是要拜科技文明的手機簡訊之賜，讓我這位分發在花蓮服務的學生，能夠這麼方便的向自己老師表示敬意。

猶記有一年的教師節，我為了向老師表示敬意，還得從新莊輔仁大學搭車，我現在已經不記得轉過幾趟車，才順利到達老師遠在外雙溪東吳大學旁的住家。

我的這位老師，他是安徽積溪人，是胡適之先生的遠親。當年我構思撰寫《近代學人著作書目提要》時，他除了送我一張他與胡適的合照，和一本他的古詩抄本之外，還臚列了 102 位近代人物的名單供我參考。

我在 2009 年出版的《臺灣創意產業與策略管理》一書時，已把這照片和名單的內容，做了完整的敘述，同時附上我已經發表過的〈胡適之先生著作書目提要〉一文。

當年，我記得老師還要求我學習胡適在美國留學時期作箚記的精神，也希望我好好閱讀那一套共四冊的《胡適留學日記》。當時我還向老師報告，這套書在我未考上大學之前，就已經收藏了，書背內頁還清楚寫著 1970 年 4 月 12 日購於臺南南一書局。

今天是教師節，我還特別要記述的，是當年我聽從老師的教導，寫了我的大學箚記。後來我將老師的古詩抄本和我的箚記，存放在

我後壁安溪老家的書櫥，由於受長時間濕潮和白蟻的侵蝕，這兩件我大學時期的重要收藏，如今都已不復存在了。（2014.09.28）

無米樂與池上米

　　在臺北城市科技大學講授「文化創意產業」的課程已有多年，由於學生背景大多來自實業界，我的授課內容也就比較偏重文化產業化，希望透過管理學和經濟學的概念，引導學生能夠將其運用在文化創意上。

　　有一回，有位學生期末報告是以臺南後壁的「無米樂」為題，分析如何利用「無米樂」的特性，來創造臺南後壁區文化創意產業的產值。臺南後壁區是我的故鄉，這篇報告也就特別引起發我的關注。

　　我曾跟我的這位學生做了比較深入的交談，知道這位學生她也是來自臺南後壁，高中畢業後北上謀職，雖然勉強有了一份工作，但總覺得有志難伸，活得不踏實，希望在修畢科大的學業之後，返鄉投入與文創產業性質有關的行業。

　　譬如利用家裡留有的幾分農地為基礎，種植經濟價值比較高的作物，可以的話就結合「無米樂」已有的知名度，開創屬於自己的事業，如與農業觀光休閒的結合，規劃體驗農村生活的「一日遊活動」等等，我也鼓勵這位學生再想想可以與在地文化結合的產業。

　　現在幾年過去了，不知道我這位學生回到我們共同故鄉打拼的結果如何？今天我看到《中國時報》新故鄉動員令的大篇幅介紹「池上營造文化米鄉」，讓我突然想起「後壁無米樂」和我的這位學生來。（2014.09.29）

荷蘭海盜舞

　　深秋天氣涼爽漸有寒意，我開始從衣櫥拿出長袖衣服，準備過今年的冬季。我翻了翻，找到了一件褪了灰色的衛生衣，讓我的時空回到了 1950 年代末期的剛進入安溪國民小學一年級。

　　屈指一算，迄今已經將近 50 年過去了，我始終還不搞清楚，當年我的級任導師為何挑選我，和同年級別班的二位同學，一起在那年的母姊會上臺表演「海盜舞」。

　　現在，我也完全不記得那次的上臺表演，我是否有球鞋可穿？我只記得我們上臺表演的三位同學，都穿著相同的雪白色衛生衣，而且還在胸前的位置，縫上一張畫有骷髏頭的圖案。我也不記得那次母姊會，我母親或姊姊有沒有來觀賞我的表演。

　　但是，我印象最深的是那件白色衛生衣，應該是我第一次所擁有屬於自己全新的衛生衣，而那次的上臺表演也是我的初次上臺表演。我非常感謝我的導師，我知道她當時剛從臺南師範學校畢業，對教育工作充滿熱忱。至於，我的老師為什麼會選擇「海盜舞」？或許那時候她就已經認為臺灣是一個海洋國家，那是我在那個年齡所無法體會的心境。

　　直到我撰寫《臺灣經濟發展史》，寫著大航海時代荷蘭的統治臺灣內容的時候，才讓我深刻體會臺灣的四面環海，在東亞的海域上扮演著重要角色；我也更感受出臺灣必須學習荷蘭人的精神，勇敢地航向大海尋找機會。

　　我感謝我小學老師給我的啟蒙教育，我也感激我的家人為我買了一件雪白的衛生衣。（2014.10.09）

科學資料中心的實習經歷

　　那年，大學三年級的暑假，我在國科會的科學資料中心實習，當時中心上班的地點是在中央研究院，我是最開心不過了。

　　在那兩個月裡，我把自己浸潤在學術研究的氛圍中，有一個月我是寄住在園區的學人宿舍，另一個月則搬到園區後山的民宅。

　　白天工作的時候，被安排在中心整理期刊論文的目錄卡片，下班後園區的黃昏和夜晚，我除了看書之外，總喜歡獨自散步、思考。

　　過完暑假，我回到校園，本應好好準備預官和研究所的考試，但限於經濟壓力，我轉向校外工讀的第一份工作，就是在一家雜誌社。

　　我猶記得當時適逢全球第二次石油危機，我寫了一篇〈挺立於能源風暴中的臺灣〉，被選用為該期的社論。

　　後來該雜誌社可能遇到財務上的問題，講好該付我的薪資顯得非常吃力，雖然經過我的幾次反映，都沒有下文，我就決定不繼續留下來，這是在我大學最後一年的一段不是很愉快打工經驗。

　　但從打工和編輯的學習中，也讓我對人生的體驗與成長，增加了不少的甘苦的滋味。（2014.10.18）

余光中、漢寶德、齊邦媛的連環想

　　今(2015)年行政院文化獎的三位得主,分別頒給詩人余光中、去年底剛過世的建築師漢寶德,和小說家齊邦媛。余光中 1928 年出生於江蘇、漢寶德 1934 年出生於山東、齊邦媛 1924 年出生於遼寧。他們三位得主都是生長在戰亂時期,同樣有悲天憫人的情懷。我計算從他們出生到得獎的時間,都已經超過 80 年了,想來如果要獲得國家的文化獎是非長命不可。活得綿長,如同文學生命一般的豐碩。

　　我知道余光中的詩文,緣起 1960 年代中期,當時高中英文教科書是遠東圖書公司出版由梁實秋編寫的,老師介紹課外讀物是梁先生出版中英對照的大作《雅舍小品》。我喜歡上了梁先生的散文,又找當時極富盛名的《文星叢刊》,發現居然該叢刊出版編列的第一本書,就是梁先生的《秋室雜文》;而我接續買的是編號 4,余光中寫的《左手的繆思》。1970 年代我進了大學之後,除了又看余先生的《白玉苦瓜》。知道漢先生是源於有一年我夜宿墾丁青年活動中心,了解該建物係漢先生的傑作;2000 年 5 月 11 日我又看到漢先生發表在《中國時報》的〈值得懷念的宋時選先生〉一文之後,我對漢先生才有了更進一步的認識。

　　知道齊邦媛教授是我研究戰後臺灣政經發展,瞭解吳三連、郭雨新、郭國基、楊金虎、許世賢等非國民黨人士,與雷震籌組「中國民主黨」的經過,先知道她父親齊世英,後來又在 1999 年 1 月 16 日閱讀亮軒在《聯合報》發表的一篇〈我所不知道齊世英〉,

和 10 年後齊邦媛出版《巨流河》的聲名大噪後，我對齊教授的文采才有更深層認識。（2015.02.14）

新年、新書與新運

　　2015 年的歲末，接到蘭臺出版社發來我新書《文學、文獻與文創》的版樣，和邀我為其該社即將印行《圖苑耕耘記──圖書館學論集》的一書作序。因此，2016 年的 3 天新年假期，我就受困在自己的書房裡，翻箱倒櫃的找文獻資料。我翻出了自己的兩本舊作、多篇論文，和部分我在課堂上提供給學生的講授資料。第一本舊作是 1996 年出版的《臺灣政經發展策略》，書的目次包括：〈臺灣政經發展策略〉、〈策略管理與臺灣發展經驗〉、〈戰後臺灣經濟發展的觀點之探討〉等 7 篇論文。第二本舊作是 2006 年出版的《臺灣經濟發展史略》，書的目次包括：〈原住民時期臺灣經濟發展〉、〈荷治時期臺灣經濟發展〉、〈鄭治時期臺灣經濟發展〉、〈清治時期臺灣經濟發展〉，一直到〈國府時期臺灣經濟發展〉等內容。

　　在 2016 年的開始，我打算修訂《臺灣政經發展策略》和《臺灣經濟發展史略》這兩書，和加入〈戰後臺灣政經體制的變遷〉、〈臺灣產業政策：一九四五至一九九九〉、〈我國政經體制與產業發展之研究──兼論國家發展策略〉、〈臺灣企業與政府間的互動關係〈上〉──一六二四至一九四五〉，和〈戰後臺灣產發展的政治經濟分析〉等發表過的論文，綜合寫成新書《管理資本主義：臺灣政治經濟思想史論叢》。

　　再過不到半個月，就是總統、副總統大選，和政黨、立委的投票日子。激情過後，大家平和接受選舉結果，儘快將心情沉澱下來。

人民發揮渾厚的文化力，真正體會自己的生活目的、生命意義，和締造新運。（2016.01.03）

烏樹林糖廠日式宿舍印象記

今天看到報上一則北港糖廠前廠長宿舍燒毀的消息，根據報載，被燒毀的廠長宿舍興建於 1941 年，為占地 98 坪 1 棟 2 戶的建物，內有庭院造景與天井，保存相當完整，沒想到竟遭祝融肆虐全毀，非常可惜。

不止於此，雲林縣有北港、虎尾兩個糖廠，近年來頻傳火災，兩糖廠遭燒毀的老宿舍已有 4 棟，這些宿舍都是具有歷史意義的建築物，不僅是臺糖的財產，更是全民的文化資產。

稻米與蔗糖是臺灣早期重要的農業經濟作物，尤其是在日本統治臺灣時期，更是形成所謂的「米‧糖經濟」，殖民者更是利用「米糖相剋」的價格矛盾變動現象，剝奪臺灣農民辛苦的血汗錢。當然，負責經營糖業的資方為了生產獲利，除了需要興建廠房之外，也蓋了不少宿舍來安頓重要的日籍幹部和員工。1945 年國民黨政府接收日方所留下的糖廠資產，其中也包括了這些木造的日式宿舍。

我之所以能在 1950、60 年代，在念國民學校的年紀，有機會體驗住在烏樹林糖廠的木造日式宿舍，完全是拜我的三姑之賜。我們安溪寮陳家到了我父親這一代，我父親和叔叔都在烏樹林糖廠工作，我的三姑丈不但也是烏樹林糖廠的員工，而且還配住在宿舍。由於我的三姑丈並不是高層幹部，所以配住的宿舍當然不會是占地 98 坪 1 棟 2 戶的建物，而是整排列的普通宿舍，有如臺灣一般水泥蓋的販厝。

　　對於我三姑丈配住宿舍的印象，我感覺屋內很小，絕不會超過 20 坪，而且還是位在整排宿舍的最尾端，就緊鄰糖廠的水溝邊，不時還會聞到廠裡所排放出來蒸氣的臭味。但是相對於我們安溪寮的住家，我仍然感覺到他們有使用自來水設備的進步。

　　一般說來，住在糖廠宿舍的員工，他們的收入比較穩定，生活水準也比較高。尤其是在我後來進入後壁初中唸書的時候，我們班上有住在臺糖宿舍的同學，更可以感受出他們要比附近農家的鄉下小孩，生活來得好些。（2016.01.05）

從鍾肇政得獎的感言談起

　　文化部於 4 日公布第 35 屆行政院文化獎得主名單，91 歲的作家鍾肇政、85 歲的導演李行、67 歲的建築學者李乾朗獲獎。

　　《中國時報》全文刊出鍾肇政得獎的手稿感言，不愧是出自大文豪之筆，文才並茂，令人敬佩。感言裡的：「老朽自戰後始學習祖國語言，雖然備感辛苦，然既然脫離異族殖民地人民身分，自當勉力以赴，學習祖國語文」，更是觸動了我對先父的懷念，和我已塵封多年的兩次遭遇，都與祖國語言有關。

　　一次是發生在 1960 年代初期，我念後壁中學的初三那年，我在週記上批評導師行事不夠光明正大，在一早的學生自習課時，導師為什麼都要採從教室後門悄悄進來的方式，來監控學生的秩序。因此，我導師扣留了我的週記，並且通知要我的家長來校。第二天的大清早，父親帶著我一起到學校的教師辦公室，我們等了一會兒，我導師進來了。

　　我導師姓何，外省人，隨國民黨政府來臺，他聽不懂、也不會講閩南話。父親只勉強聽得懂一點點國語，但不會講國語，何況我導師的國語又有濃厚的安徽口音。他們無法溝通，我清楚父親一再地表示道歉之意，但我的導師還是很生氣。

　　所幸，我導師座位旁有位會講國、臺語的本省籍男老師，可以幫忙翻譯。導師先說明他因為太太剛生產，要幫忙照應家事，早自習課，他為了趕時間才會從教室後門進來，而不是有意要以這種方

式來管教學生的教室秩序，為什麼我要不明究裡的在週記上批評他？導師嚴正地要父親道歉，否則不是他離開學校，就是我要被退學。

導師的這態度，真令父親難堪。我看在眼裡的是，父親已一直為我的錯誤行為表示道歉，也自責沒有把小孩教好。我導師終於接受了我們父子的道歉。導師後來的寬宏釋懷，才得以讓我順利完成初中學業。

另一次是發生在 1970 年代中期，我在清泉崗服兵役的階段，有次我在營辦公室和同袍聊天，大家談得愉快，聲音也大了些，這時我們副營長從外面走進來，聽到我們以臺語交談，非常生氣，當時可能是我的講話聲最大，副營長罰我臥倒在辦公室外面的水泥地，匍匐前進。

在我爬行不到 10 公尺之後，我不知道副營長為什麼即停止對我的處罰，或許他認為我已經清楚在軍隊裡，有不可以講方言的嚴格規定，他已達到警告的效果；亦或許他有省籍情結。

總之，我兩次的受罰，都是因為與祖國語言有關。我敬佩鍾老先生得獎感言的最後還有：「七十年來一心一意，致力於文學創作，由退稿開始經歷挫折，經十五年（民國三十四年至四十九年），始得以『魯冰花』（長篇小說）成為文壇一卒，自此益發努力從事創作，至以本土文學——即臺灣文學——之創建為終身職志，孜孜矻矻，全力以赴。」

鍾老先生的這種毅力精神，更是值得我們學習的典範。

（2016.01.06）

崑濱伯無米樂的省思

　　以前當我自己介紹出生地是臺南縣後壁鄉時，我總擔心有人不知道後壁鄉在哪裡？我總會加上「從臺北搭火車南下到新營，後壁就在新營的前面。」可是自從崑濱伯成功地拍了《無米樂》紀錄片之後，後壁這鄉下地方的名聲因而大噪。現在我在課堂上向學生介紹我來自嘉南平原的後壁時，學生馬上會回答說：「後壁，後壁就是無米樂的故鄉。」我就會自覺沾了崑濱伯的光彩，與有榮焉。

　　前（22）日晚間，在電視新聞上是先看到崑濱伯發生車禍要截肢的消息，昨天詳細閱讀了報載，才了解是崑濱伯騎著川崎老機車經過嘉縣八掌溪 2 號橋時，疑下坡路段重心不穩，車輛失控自摔。高齡 87 歲的他禁不起拋摔，左下肢開放性骨折，一度傳出必須截肢，所幸經過緊急手術保住左腳，現無生命危險，正住院觀察中。

　　我們從報導中，看到崑濱伯躺在擔架被護送往嘉義醫院，也看到臺南市長賴清德等官員的趕赴醫院慰問，我也特別注意網路臉書上，看到許多識與不識崑濱伯所發表的關心文字，讓我感受到崑濱伯的人氣之望。崑濱伯的無米樂表現，其所凸顯的正是嘉南大平原稻田裡，平日農夫辛苦耕耘，克勤質樸的典型精神。

　　回溯 20 多年前，先父在世的時候，也因為與摩托車的一場車禍，致使他以後的身體健康受到重大影響。當事件剛發生時，父親並未怪責對方，也自覺除了手腳擦傷之外，並沒有其他比較嚴重的症狀。但隔些時日之後，父親開始感到噁心嘔吐，手腳出現無力現

象，經過家人送醫院檢查才發現腦部留有撞傷的嚴重淤血，醫生診斷必須開刀治療。

　　父親手術後，經過一段時間的調養和復健，本來半邊不靈活的身體症狀也逐步恢復過來，但身體狀況已不似往前。幾年過後，父親不幸又發生重症的中風打擊，導致他從此無法再言語，成了植物人的完全癱瘓在床，母親一直隨伺在旁的辛苦日夜照料，直到多年後父親的離開他摯愛一生的親人，和滋養他一輩子的嘉南大平原。

　　我們在為崑濱伯身體早日復原的祈禱之際，我們也要深刻省思：一個高齡 87 歲的人，平日還要下田幹活，還要騎著摩托車到處奔波，雖然我們也為他硬朗的身體而慶幸，但是我們也不禁感嘆臺灣農村還存在多少的問題？尤其是人口結構的老年化問題。

　　我們新當選的準總統蔡英文雖然已經發現這問題的嚴重性，也宣布了新政府 5 月 20 日上路之後，預備提出 300 億元經費的做好所謂「長照計畫」。除此之外，我們盼望政府能提出其他更有效的對策來。（2016.02.24）

學甲虱目魚記憶

　　清明節是臺灣民俗掃墓祭祖的大日子，今年我是利用返鄉祭祖之前，先到高雄探望百歲高齡的母親，和回到後壁區安溪寮看看舊宅。隔日則是安排在下茄苳與安溪寮交界處的懷恩堂舉行陳家祭祖，我們家自從將先父的土葬遷移安息於懷恩堂之後，也就省去了近年來的掃墓儀式。

　　我的同事吳教授笑稱：「這是將祖先從原住的別墅搬遷住進公寓，住別墅好？或是住公寓好？見仁見智，只要大家『平安』就是好。只是大家對於『平安』的不同程度認知，家族中多少還是會存在著一些的爭議。」

　　今年此外還發生一項特別值得我關注的事，就是臺南的學甲虱目魚養殖戶，與輸出大陸市場 5 年契作期約的媒體報導。臺南聞名遐邇的虱目魚勾起了我許多感性回憶。

　　母親自己是完全不吃魚的，但是母親還是會為我們準備魚類的菜餚，平日都是以價格比較便宜的罐頭，和醃製類的魚製品為主。但是遇有特別狀況時，母親就會以比較高價位的虱目魚，為父親和我們小孩充當滋補身體的營養食物。記得小時候看見母親購買的虱目魚，都是魚販騎著腳踏車，車後用魚籠裝滿著虱目魚，載到我們家的埕前來。

　　母親處理虱目魚方式，魚身部分通常主要是用來乾煎，有時也會和魚頭與尾巴一起純煮湯，有時還會加入一些麵線。不論是煎的虱目魚身，或是煮的虱目魚湯，都是母親為我們家人所準備的高檔

佳餚。母親常常提起,我們家人口眾多,虱目魚價錢又貴,一次最多只能買兩條,煎的虱目魚身是給小孩帶便當用的,煮的虱目魚湯是給病後的家人補身體用的。

　　母親接著再說:「通常家人為準備帶便當用的乾煎虱目魚,總會被弟妹們分食,最後兄姊的便當盒裡通常只剩下米飯而已。」我的記憶裡,總還會出現有往昔先父捨不得一人享用,而要與我們小孩分食虱目魚湯的情景。

　　另一有關喜好虱目魚的特別記憶,就是我進入後壁中學唸書的時候,我班上有位住在菁寮的同學,他有親戚在學甲的魚塭養殖虱目魚。當他邀我一起去養殖場時,我一想到可以多多品嚐新鮮的虱目魚,就一口答應前往。我一直到現在,只記得那是我初次伐竹筏撈捕虱目魚的經驗,和那虱目魚所留存的口味,而完全不記得 1960 年代我們是怎麼從後壁一起到學甲的虱目魚養殖場。(2016.04.05)

後壁安溪寮派出所印象記

今日看到報載，新北市靠近金山市區的中角派出所建築，由於當地東北季風強勁，高鹽分海風的日夜吹拂，造成派出所外牆斑駁。現今該派出所經由金山分局委由設計師結合海洋、觀光文化，將派出所重新拉皮。舊紅磚外牆經重新漆上純白色油漆，搭配靛藍色窗框，圓拱狀屋頂更仿造郵輪煙囪設計，還有衝浪板造型的屋簷，整體地中海希臘風格，一點也不輸附近特色咖啡廳、民宿，儼然成為觀光景點。

在我孩提還住在安溪寮的時候，就曾經發生過這麼一件事。有一天，我家附近堆放的草堆忽然失火了，所幸火勢不大，很快就被撲滅了。可是就有員警突然到我家來說，這火是我點燃的。我記得母親一直向員警解釋，「我小孩這時間是在家裡，根本沒出門，這火怎麼會是他點的呢？」可是員警繼續說，「是我的同事○○說的」；母親又向員警解釋，「我的小孩連拿火柴點火都不會，怎麼會去點火呢？」員警就當場要我在我家門埕前演練火柴點火。火當然是點不著，因為當時我壓根兒就還不會使用火柴點火，最後員警才離開。

經歷這事件之後，每次當我到安溪國校上課，途經安溪寮派出所的時候，看見巍巍矗立的建築都還會心悸猶存。雖然這事件自發生迄今，我都覺得莫名其妙。但是我不能不由衷的敬佩母親冷靜的化險為夷。以後等我年紀稍長，母親告訴我一則她與安溪寮派出所有關的故事。

　　母親出生於日治時期的大正 7 年（1918），就如同當時許多的臺灣女性一樣，並沒有很多機會可以接受正規教育。當母親還是孩提的年紀時，為了分擔家計，就曾經在安溪派出所幫忙照顧日本警察的小孩，從事類如褓母的工作。母親在她那個年紀就已經表現得很靈巧、很懂事，她才可能勝任這份工作，也造就了母親察言觀色和勤勞堅忍個性。也因為母親有這一重要的人生體驗，對於日後她的持家教子，和待人處事都產生極大的影響。

　　1987 年臺灣解嚴之後，警察在民主社會的角色已從維護政權轉型為專業服務的角色，派出所建築有如社區土地公廟，已經展開其為民服務的多元功能。我也已經數十年未曾見過安溪寮派出所的建築了，或許它可能有如中角派出所建築已經成為觀光景點吧！（2016.04.06）

割稻仔飯的回味

日前拜讀王浩一寫的〈旅食新營——八掌溪流域的豆芽麵〉一文，提到：「這裡有幾個關鍵字，可以梳理臺灣史：明鄭時期、八掌溪、泉州人、還有隱藏版的糖廠、『豆菜麵』——這是八掌溪南北兩岸的共同美食記憶。」對於其中「豆菜麵」的美食記憶，不禁令我回味母親「割稻飯」的拿手菜——「豆菜麵」和「竹筍粥（湯）」。

臺南後壁區是臺灣重要的稻米與甘蔗生產區，長期種植的稻米和甘蔗，更形成歷史悠久的「米糖文化」，其中名聞遐邇的「割稻飯」就已經成為大家津津樂道的佳餚。

1950、60 年代，當臺灣農業耕作還處在人力為主的階段，尤其是農夫下田幫忙收割稻穀時，農家主人都要特別準備午餐，外加上午 10 點和下午 3 點的兩次點心餐，主人還要負責將餐點挑到田裡頭。這豐盛餐點流傳迄今，就是我們臺南地區俗稱的「割稻仔飯」。

記憶中母親的「割稻仔飯」，給我印象最深刻的兩道菜是「豆菜麵」和「竹筍粥（湯）」。母親準備的「豆菜麵」材料，就是從市場買回來早已經處理好放涼的「大麵」（麵條），煮熟的「豆菜」，碎塊狀的「大蒜」，和醬油等四種食材，經過一番的交互攪拌，即成一道可口的「豆菜麵」。母親擔心單吃「豆菜麵」會太乾燥，總要再準備佐之「竹筍粥（湯）」，為一早就出門割稻仔的農夫補充體力。

　　當年豐碩的「割稻仔飯」，對於一般窮困農家的小孩而言，也只有在稻穀收割的季節裡，才有機會吃得到。現在隨著臺灣農業經濟的發展，機械力取代了人力，加上生活條件的改善，「割稻仔飯」和「豆菜麵」等餐點反成為現代生活的飲食美學。

　　王浩一的這篇〈旅食新營〉，也勾起我孩提時期的回憶，在那金黃色稻穀收割的季節裡，懷念我母親拿手的「割稻仔飯」和「豆菜麵」。我離鄉多年，母親已年邁，但這米飯香和麵蒜味的留存，還連接著我們母子的情感，繼續承載著我們家人的共同記憶。（2016.04.13）

世界書香日與文化休閒

　　4月23日是「世界書香日」（World Book Day），源基於今天是英國莎士比亞、西班牙塞萬提斯，和中國朱熹都是在這一天逝世的日子，為彰顯世界文學的象徵，聯合國教科文組織於 1995 年 11 月 15 日明訂每年 4 月 23 日為「世界閱讀及版權日」（World Book and Copyright Day），籲請全球重視閱讀、出版及智慧權益的發展，多提倡閱讀活動。從此 4 月 23 日也成為全球愛書人的節日。

　　每年「世界書香日」也讓人聯想到每年的「圖書館週」。圖書館週是世界各國圖書館為介紹圖書館的資源、設施、服務、活動等，促使國民認識圖書館，進而加以利用圖書館。

　　臺灣圖書館週是 1970 年由中國圖書館學會與國立中央圖書館所聯合發起的，主要以「介紹圖書設施，運用圖書館資源，培養大眾讀書風氣，倡導正當休閒生活」為目標，並定每年 12 月 1 日至 7 日的固定日期為圖書館週，推動全國民眾參與這項活動。

　　臺灣從 1970 年起的每年推動「圖書館週」，和 1995 年起的「世界書香日」活動，其目的都是呼籲國人重視閱讀，將閱讀視為一種「文化休閒」活動。談起「文化休閒」的概念，我重新翻閱 1987 年 8 月起至 12 月底，在臺灣日報撰寫「文化休閒」專欄的雜文，一共發表了〈文化別館〉、〈善利其器〉、〈相看兩不厭〉、〈上窮碧落下黃泉〉、〈一架飛機百萬本書〉、〈藏書樓不褪色〉、〈改變中國的書〉、〈「休閒」新義〉、〈文化奇蹟〉、〈且看好戲上演〉、〈有感於「富裕中的貧窮」〉、〈選中國之美〉、〈踏實、

穩健邁向資訊的大道上〉、〈人才第一〉、〈贏取尊敬〉、〈君子而時中〉、〈中國人的光輝〉、〈文學之門〉、〈一生的讀書計畫〉、〈資訊與決策〉、〈據論語把算盤〉、〈活出知書達禮的民族來〉等 22 篇。

　　現在，我希望能將這發表過的「文化休閒」，和在《臺灣商報》正發表的「文創漫談」彙集成冊出版，未來書名就稱為《文化休閒與文創漫談──陳天授專欄選集》吧！（2016.04.23）

怎忍家鄉變故鄉

　　今（9）日是一年一度的端午節，有關這節日的記述，除了教科書上載有的紀念詩人屈原，投汨羅江自盡的愛國情操之外，記憶中的還有縫香包、賽龍舟和包粽子的趣事。只是這些有趣的事，都是數十年以前，當我還住在臺南後壁安溪寮家鄉的陳年往事。中午在臺北家裡的午餐，特別選用的是以粽子為主，在配上清涼小黃瓜，和竹筍湯，就是端午佳節大餐了。尤其今天的粽子是南部粽，我習慣這種特有的口味，含有竹葉香的撲鼻。這不禁令我聯想起舊時的孩提時代，每到端午節前的日子，母親都會要我到隔壁廖家埕前的竹樹林，取下竹葉回家浸泡清洗乾淨後，就是上等的包粽子材料。

　　母親天生的好手藝，雖然使用食材都是極為普通的糯米、三層肉、花生、蝦米、紅蔥頭等，用鹹（咸）草將每一個粽子包得有稜有角，再綁好成串，放入傳統爐灶大鍋內，而且粽子要全部浸泡在水內，點燃芭樂枒枝，先大火等水開了之後，小火慢炊，經過 1 小時左右的煮熟時間，再拿出來懸掛在通風處，等涼了之後，吃了更 Q。這是我孩提時期，每逢端午節，在安溪寮家鄉參與母親包粽子的回憶。母親下個月將屆滿 98 歲，雖然母親現在無法留在安溪寮繼續親自再包粽子給我們孩孫享用，但是母親包粽子的好手藝，和粽子留香的口味，卻讓我們每一位家人想念不已。母親的年歲漸高遷居高雄之後，安溪寮老家包粽子的回憶沒有了，而且祖厝房子也日漸塌壞。

　　祖厝房子的簡單清理維護，成為族人的一種體認和責任。失去了祖厝的共同寄託，將使族人的家鄉變故鄉。（2016.06.09）

曬書、書櫥與送書

故宮博物院自今（2016）年 7 月起，獨立在臺北捷運中山站及雙連站間的中山地下書街，舉辦為期一個月的「曬書節」活動。現場展示了《故宮法書新編》、《故宮文物月刊》、《藏畫大系》等，由故宮出版的刊物、書畫圖錄、墨跡書籍，以及早期無法再印刷的絕版品；另外，也有展示精選國寶文物所衍生的文創商品。

在這故宮博物院舉辦的「曬書節」活動，首先讓我感傷地想起從 1983 年 4 月份起，《故宮文物月刊》創刊（第 1 期）發行後，每當我在下班回家的途中，經過羅斯福路和新生南路附近的溫州公園時，我都會進入書店翻閱，我非常喜歡該刊的圖文設計、印刷和內容。

所以，開始的時候我都會忍不住的每一期購買。多年下來，家裡書架（櫥）已無空間可以擺放。《故宮文物月刊》和以前收藏的《傳記文學》、《文星雜誌》等刊物，都以「送書」的下場給了舊書商。

還有另外一件感傷的事，我在學校讀書的成績始終不出色，偏偏我又喜歡買一些不屬於教科書類的「雜書」。書多了，到處亂放。1970 年左右，我在臺南後壁鄉（區）安溪寮老家的第一個書櫥，我記得是當時我大妹從師院畢業，在東山鄉（區）一所國中教書，領了薪水之後所特別購置的。我們家終於有個放書的書櫥，但是放的全是我的藏書，其中包括我大一國文老師送我，他親手用毛筆寫的古文《詩抄》。

　　後來，因為我在臺北工作的關係，放在老家書櫥裡的書，久未通風因而受潮，我又未能及時曬書搶救，終致以悲慘不捨的「送書」下場。至於現在存放在老家的書櫥，已經破舊不堪。

　　今天我回想起這曬書、書櫥與送書的往事，我真是對不起我家人的用心，特別是我的恩師曹昇之教授（安徽績溪人，胡適之先生的親戚），他也是我書寫生涯的啟蒙老師。（2016.07.08）

一串香蕉串起的回味

　　日本靜岡縣御殿場市小學生，從來沒有看過臺灣香蕉，首次在營養午餐上，因為捨不得吃，還特別帶回家讓父母、祖父母品嚐，其中有位奶奶吃了一口就掉眼淚，直說這香蕉是當年他們小時候在臺灣，生病時才能吃得到的水果，這個味道，也就是唯有臺灣才會有的獨特香蕉味道。

　　這次尼伯特颱風過境，造成屏東、臺東地區的災害慘重，除了許多房屋倒塌、路樹被連根拔起之外，我們還看到釋迦、木瓜、香蕉等水果也都吹落滿地，尤其是整棵香蕉樹的被腰折在地，不但蕉農很難在短時間再有收成，消費者更享受不到好吃、價格又便宜的香蕉。

　　日本人品嚐臺灣香蕉的味道掉眼淚，和尼伯特颱風狂掃臺灣的香蕉樹被腰折，不禁串起我居住在老家後壁安溪寮歲月時的對香蕉回憶。想起在 1950 年代，當我還未到進小學念書的年紀，初次嚐到吃香蕉的最深刻記憶。我們家因兄弟姊妹眾多，家庭經濟也並不寬裕，平常家裡有的番石榴、番茄、芒果等水果，不是自家產的，就是鄰居送來的。當時母親為持家省吃儉用，難得買高價位的香蕉、西瓜之類的水果。

　　我第一次感受臺灣香蕉味道的特別印象是，當我還未進小學念書以前，有一次家裡難得買了香蕉，一共買了幾根我不清楚，但是一人分配一根是可以確定的。我只記得母親特別將一根已經折過半

的香蕉，拿到當時只有我一人的客廳給我。我想當時母親一定很難為，母親會這麼做，一定是為了不讓我自覺分得少而感到委屈。

我會對臺灣香蕉的彌感珍貴，也因為我們老家埕前，曾經有過一塊菜園，除了規劃種植菜圃之外，附帶還有幾棵不是特別受照顧的土芒果、番石榴、木瓜、香蕉等水果樹。在我念中小學之後，最不想看到的就是每次颱風過境後，庭園果樹的被摧殘，特別是香蕉樹整排被腰折倒地的景象。香蕉樹一死，整季就無香蕉可嚐。

嘉南平原不如高雄、屏東地區的盛產香蕉，但是我們陳家也有過種植幾分地的經驗。地方就在父母親常說「鐵枝路南」（閩南語）。「鐵枝路南」指的是烏樹林糖廠，有一條專門運送甘蔗的小火車軌道，它穿過安溪寮與下茄苳接界的南邊，我們家在那地方有塊地。這地方灌溉的水源比較不方便種植水稻，父母親就在這裡曾經先後種植過香蕉、芒果。

大學念書的時期，我和父母親都曾經在這地方為種植的芒果與香蕉除草整地，因為我們不具專業，兩種水果的收成都不盡理想，尤其是香蕉地種植幾乎一無收入。這塊地父母親後來將它分給大哥作為養豬場之用，幾經波折，這塊地已經落入他人之手。如今父親和大哥都已乘黃鶴去，徒增我更多不勝唏噓的回味。（2016.07.17）

逖齋主人蘇雪林的啟發

　　7 月學校放暑假了，校園裡也顯得安靜許多，而今年暑假的這一趟到校，對我顯得別具意義。這一趟到校，是學校通知退休人員依規定辦理離校手續，我整個上午時間，幾乎來回於我的研究室與行政大樓的各辦公室之間，感謝工作同仁的服務與幫忙，讓我非常有效率地走完全部公文流程。

　　這一過程，我最感困擾與不捨的是，研究室裡堆滿的書籍和資料。我拿著大麻袋，一袋裝滿了再一袋，一共先「送走」了 8 大袋，有些實在是不捨的「送書」，有些我又暫時放回原架上。我希望至少可以再讓它暫時留置在研究室，直待到最後期限的時刻，我再來克服心裡的障礙，不捨的定其「下落」？

　　我在整理我的剪貼資料時，讓我重讀其內容而不捨丟棄的一篇報導，是 1999 年 4 月 23 日《中央日報》副刊登載丘秀芷寫的〈棘心不死，綠天長在──懷念蘇雪林先生〉。根據〈蘇雪林創作年表〉記載：蘇女士 1897 年出生安徽，來臺後任教於省立師範學院（今國立師範大學），1956 年轉任教於成功大學中文系，1973 年退休，1999 年過世，享年 102 歲。

　　檢視蘇雪林教授一生的 50 本著作中，最為我喜歡和影響我較深的是 1989 年出版《逖齋隨筆》的散文，和 1992 年出版《浮生九四》的回憶錄等兩本書。《逖齋隨筆》和另外南宋洪邁寫的《容齋隨筆》，其二人的隨筆式散文都是我常閱讀的。我的《拙耕園瑣記》

即是採取類似此記述文字的書寫，當然我的文筆和內容是無法與這二位大師級的作品，相提並論的。

《浮生九四》和另外林語堂 1980 年出版的《八十自敘》，其二人的自傳式散文也是我常閱讀的。緣於我的深受這兩位文學家影響，乃才有不知量力的在今年，由蘭臺出版社幫我印行了《文學、文獻與文創——陳天授 65 作品自選集》一書。

我的這本《65 作品自選集》，是我在整理研究室的有感於自嘆「浮生 65」，我還是要特別感謝蘇雪林教授的啟發，她不愧是有「邇齋主人」的雅稱，和在文壇上深受人尊敬的蘇先生。（2016.07.24）

嘉南平原的綠豆特產

　　近日臺北連續 38.5 度的高溫，真讓人感受酷熱天氣的威力，雖然說現在是暑假期間，可以不必到學校去，但是也不能把自己整日關在冷氣房裡，有些時候還是得出門幹活去。

　　像今天上午我們從家裡走路到萬隆捷運站，雖然路程花費的時間不到十分鐘，但已經讓人汗流浹背，所幸進了捷運站，搭上捷運車，又有人讓了座位，途經中正紀念堂站，轉車後一路到馬偕醫院站和在醫院候診，都可以享受有冷氣的科技文明成果。

　　中午時分的回程，讓人頂著這更高溫的天氣在路上行走，我們哪能躲得過現在全球逐漸暖化，大家所必須自嚐的惡果。走在這溽暑的途中，想到前幾天家人特別準備在冰箱裡的綠豆湯已被吃的一碗不留，現在可真是有點懊惱。

　　在這溽暑的天氣，每次吃到綠豆湯總是會憶起兒時在臺南後壁安溪老家的情景。高拱乾《臺灣府志》〈土產　菽之屬〉謂：「綠豆，皮綠，粒小，可做粉。」可見綠豆是很早就出現在臺灣的農作物，我們家有的綠豆是自產自給的。

　　1970 年代前後，當嘉南大圳的水利灌溉未能滿足後壁地區一年三期的水稻種植，我們總會有一季種植甘蔗或甘藷，這時我們就會利用每領（閩南語）之間低窪排水的地方，種植綠豆。從田裡收成回來，就會放在一個個大的圓形竹盤上，置於屋埕前等曬乾，去其皮外殼，再將綠豆裝入麻袋保存。

　　在臺灣農村經濟還不是富足的年代，有些時候我們家的午餐會以煮綠豆湯充當主食。母親通常都會分別準備鹹的和甜的綠豆湯兩種。我們小孩子都比較喜歡甜綠豆湯，縱使當時家裡還沒有冰箱，但是只要能加冰塊就高興萬分，畢竟當時母親為了省些錢，有時候是捨不得拿出錢來買冰塊。

　　印象中的母親，總是吃著我們比較不愛吃，而剩下來的鹹綠豆湯。（2016.07.29）

《東京家族》電影觀後感

　　日前臺北紀州庵文學森林的執事者，邀請我到紀州庵古蹟大廣間，觀賞山田洋次導演的電影《東京家族》。這部影片多年前就聞其名，只是近年來我不大習慣到電影院看電影，但既然是我喜歡的片子，又是在紀州庵日式歷史建築和具有文學氣息的地方播放，我當然不會錯失這好機會。

　　《東京家族》的劇情主要描述，一對住在瀨戶內海小島上的平山夫婦，有一天來到東京，探望經營私人診所的大兒子幸一、開美容院的女兒滋子，以及作舞臺美術設計的小兒子昌次。大兒子幸一已娶，女兒滋子已嫁，都各自有了家庭，小兒子昌次未婚。孩子們都很高興父母親的千里迢迢而來，也想辦法熱情接待年邁雙親。

　　由於他們每天仍須忙碌工作，大家為了讓難得到東京來的雙親感受到旅遊的愉快，孩子們就特別安排雙親住進豪華飯店，但這對兩老而言，住得再舒適的旅館套房，和吃得再山珍海味的料理，總比不上兩老希望要與親人相處的來得溫暖。

　　正當平山夫婦對這次上東京來的生活感到乏味時，小兒子昌次未婚妻紀子的善良貼心照應，讓兩老稍感興慰，也終於可以放心小兒子昌次的未來。接著不幸的事發生了，此時平山老太太在大兒子家裡，在辛苦上了二樓之後，卻突然累倒送醫不治。

　　落寞返鄉後的平山先生，不願干擾孩子們在東京的生活和事業，自此選擇留在小島上的舊居獨自生活，偶爾也會有鄰居過來照應。

　　《東京家族》生活，近乎描述我的《臺北家族》生活。平山老太太在兒子家辛苦爬上樓梯的情景，讓我回想起有一次，么妹一早從臺北下南部（新營），當天將母親接上來臺北，她們一起到我住的溫州街公寓，母親也是需要辛苦爬樓梯，才上得了我 3 樓的住家。

　　母親住了幾天之後，我和她一起搭火車到高雄，下了火車，這時高雄火車站正在進行整修工程，我們必須遠走繞道的再上上下下樓梯，真是折騰她老人家。我猶記得當時高齡 80 歲的母親對我說，她對於這次的爬樓梯感到真吃力，她以後不再上臺北了……。

（2016.08.21）

史提芬史匹柏的幸運符

颱風天，在屋內聆聽了國際知名的影片製作人史提芬史匹柏，他應邀在哈佛大學 2016 年畢業生典禮上的 20 分鐘精采演講。史匹柏的演講內容，採取的是自述性方式，以講述自己親身發生的故事為主，來傳達他的寶貴人生經驗，真是一場令人感動和富有啟發性的成功講演。

我特別將其中的重要關鍵詞記了下來，諸如：角色定義時刻、傾聽內心低語的聲音、一切都需要愛、研究過去的歷史、不了解歷史將是一無所知、美國是個移民國家、尋找家族典範、視母親為幸運符、感謝父親禮物的啟發、眼神交會重於低頭看手機。

我將史匹柏演講的內容嘗試作了延伸，歸納成個人的、家庭的、社會的、國家的、世界的等五大部分，願與大家分享：

第一、從個人成長故事的「角色定義時刻、傾聽內心低語的聲音、良知是指應做的與直覺是指能做的、聽從直覺就全力投入、堅持自我需要很大勇氣」；

第二、從家庭生活故事的「家族故事的過往、了解祖父母（先）的過往、回顧歷史是傳述過去偉大的故事、經常與家人對話、視母親為幸運符與一切的原動力、在臺下聽演講的父親今年已 99 歲、感謝父親送相機禮物的啟發」；

第三、從社會服務故事的「一切都需要愛、每一代的人都應有所回饋、眼神交會的溝通重於低頭看手機、歷史成就指的不是職場上而是文化上的」；

　　第四、從國家使命故事的「美國是個移民國家、尋找歷史典範、如果不了解國家發展的歷史將是一無所知」；

　　第五、從世界價值觀故事的「創造美好未來的方法是研究過去的歷史、消除種族仇恨、宗教仇恨、政治仇恨與同性戀恐懼」。

　　我除了佩服史匹柏這篇講演對哈佛大學青年畢業生的殷殷期待，其情意之深令人感動之外，最值得我需要學習的是他一直提到尋找家族人的典範，他始終不忘記提到父母親的教誨。(2016.09.27)

參加「永遠的異鄉人」活動有感

　　8 月 26 日晚間我前往孫運璿科技・人文紀念館，參加「星期五的月光曲：台積電文學沙龍」，這場由台積電文教金會、聯合報副刊主辦「永遠的異鄉人」的朗誦活動。邀請來的兩位朗誦作家是郝譽翔與吳億偉，主持人為也是作家的郭強生。雖說孫運璿紀念館和郝譽翔、吳億偉與郭強生等人，我都久聞其名，卻是我第一次來到紀念館和第一次見到名作家。

　　尤其是我常拜讀郭強生和郝譽翔在報紙上發表的作品。我開始注意到郭強生的作品始於 2014 年間的一篇〈那一年的眼淚〉，文內有段敘述特別吸引住我：「有那麼一次，跟母親提到了自己失戀遭遇，眼淚一發不止。不知怎麼安慰我，她最後只好搬出自己的情傷，與我交換了她的秘密。」之後，我陸續讀到他的〈幸福〉、〈消失的聖誕樹〉、〈母親愛妖姬〉、〈滄桑〉、〈孤父・辜負〉等多篇散文中的有關家族故事。

　　我的接觸郝譽翔的作品，是從她 2009 年間發表〈北京公寓〉的一篇文字，談到現代文學史上大量出現1920年代的北京「公寓」：「沈從文把這個房間號為『窄而霉小齋』，從此，這一名稱在他的作品中頻繁地出現。公寓雖然『窄而霉小』，但卻是充滿了青年人不羈的活力。」之後，我有機會再閱讀她與吳億偉的連續五篇的〈文學相對論〉，尤其是在五之三的這篇〈異國生活〉文裡，最後一段文字「就住在臺大辛亥路後門的巷子裡，……一個心靈上永遠的異鄉人，一如你和我。」

　　促使我的這次參加朗誦活動，除了我因為有了上述同感身受的閱讀心得之外，這次的主題「永遠的異鄉人」，更是吸引我前往的原因。活動進入尾聲的進入讀者發問時間，我提到家族書寫的難處時，郝譽翔的回答「大都書寫母親為主」；郭強生的回答「秉持愛與真誠去書寫」。

　　郝譽翔與郭強生的寶貴書寫經驗，震撼了我，一直在我心裡迴盪不去。今天終於將參加這次有意義的活動經過，將它化成文字記錄了下來，心頭上的壓力頓時獲得紓解。

　　現在我住公寓「萬隆安溪書齋」的屋外，下著毛毛細雨，眼眺蟾蜍山煙雨濛濛，想到自己從念高中以後就離開臺南家鄉，如今已是「他鄉生白髮」，感受「回不去的地方」、「雙腳踏過的地方」都是故鄉，讓我飽嚐了「平生最識江湖味，聽得秋聲憶故鄉」的漂泊辛酸。（2016.10.07）

後壁老家祖厝的滄桑歲月

　　近日的臺南之行，我們從臺北先搭高鐵南下，到嘉義站轉乘大臺南客運的接駁車到北安溪寮站下車，聯繫三姊開車過來接我們。這趟行程，不管是高鐵和接駁車所經過的情景，都把我帶回 1960、1970 年代我在外求學的青少年歲月，也回憶起當時臺灣經濟發展和交通建設尚處在困苦環境，但是充滿希望的年代。

　　我們先在我稱之為「拙耕園」的老家下車，見到園內的野草叢生，心中隱隱傷痛，稍感安慰的是我們在祖厝邊，發現可能是先曾祖父領養鄭氏養子的祖地上，還保留有一口井，只是我們無法確知它開鑿的時間，但是三姊感到驚訝，也非常高興，因為她在前些日子推動社區營造，規劃景觀，調查社區裡留有的古井時，並未發覺到這口井。不過，令三姊和我感嘆惋惜的是，陳家祖厝原前院本留有陪伴我們生活數十年的一口古井，現已被建商填平蓋起了房子，早消失得無影無蹤了。

　　我和三姊走進了我稱為「拙耕園」的祖厝，進到我稱之為「安溪書齋」的屋內，滿眼見到的近似落漆的斷垣殘壁，進入齋內房間，許多的舊衣破物散落其間，我和三姊勉強使力的翻箱倒櫃，找到一些舊時相片，其中有部分是三姊陪母親一起出外旅遊的老照片，三姊特別留下作紀念。

　　我則尋獲兩件有意義的證照：一是先父留下的「公務員退休證」，上註記有退休日期是 63 年 7 月，核准退休機構是新營總廠烏樹林糖廠，核發日期是中華民國 66 年 8 月 16 日，服務機構的職稱是「製

糖工場十三等壓榨技術工」。另一是母親的「臺南縣後壁鄉老人福利協進會會員證」，核發時間是中華民國83年7月1日。

　　這兩件有紀念性的舊文物，最引起我傷感的是證照上各貼有中年時期他們兩位老人家的人頭照。睹物思人，先父生前的影像和母親現在的身影，都讓我心情沉重了下來，想到先父一生的勞工生涯，母親一輩子的下田務農，久久開朗不起來。然而，他們留下的「拙耕園」與「安溪書齋」，如果不是它們的物換星移，已不是我心中的「拙耕園」和「安溪書齋」，觸目所及目前尚橫在的一些家務事，只會徒增我的傷感，否則我應會在老家多停留些時間。

　　在離開「拙耕園」之前，順道走訪了鄰居，也是我國小同學的住處，略作休息，並享用道地土產的芭樂和香蕉之後，便隨著三姊到她的住家。三姊年齡在我家9個兄弟姊妹中與我最接近，她婚後都一直住在離老家不遠的地方。近年來，因為有了政府推動社區營造的建設，三姊規劃完成的社區文創工作坊，已結合安溪寮芙蓉埤的特別地勢，還有緊鄰工作坊的藝術家施光輝故居與美術館，三姊的住家附近現已經形成一個鄉村旅遊的觀光景點。

　　這一鄉村在地文化的營造發展模式，也是我念茲在茲地希望有一天屬於我們陳家「拙耕園」的整建方向，只是現在碰到的一些難題，不是我個人主觀意願可以達成的，但我仍期望隨著時間的過去能出現轉機。

　　近晚餐時分，三姊送我們到新營，讓我好準備參加隔日外甥婚禮的講話稿，和安排參訪東山區吉貝耍（Kabuasua）的事宜。（2016.11.13）

我的文學夢裡夢外

　　溯自我從高中時期的開始接觸《徐志摩全集》。當時這本書是由一家不知名的出版社所彙集印行，印象中出版社好像就是「文化圖書公司」？正確的出版社名字我已經想不起來了，我想應該是沒有經過正式授權的版本。

　　當然，它也就不會是徐志摩的全部完整作品集，但是對一個當時在後壁鄉下念書的青少年而言，能夠買得到這一本不是全集的《徐志摩全集》，心裡已是多麼地興奮與滿足。

　　1970年代等到我負笈北上，進入輔仁大學圖書館系就讀之後，文學院的文學氛圍，更讓我的視野寬廣，我深深被蔣復璁、梁實秋主篇，1969 年 1 月由傳記文學出版社印行的《徐志摩全集》所吸引。這版本的全集共分六輯，我最喜歡閱讀的是《第四輯》中的〈愛眉小扎〉和〈志摩日記〉，當時我對徐志摩的浪漫愛情記述充滿無限憧憬。尤其是 1925 年分別 8 月 9 日至 31 日在北京，和 9 月 5 日至 17 日在上海，在這將近 2 個月期間所彙集的〈志摩日記〉。

　　我記得當時這套書並不零售，可是我又沒有足夠的錢，我只得想盡辦法存錢，我把家裡寄給我的生活費省吃儉用，加上自己努力爬格子掙來的些微稿費，終於在學校對面的「新葉書店」買下了這套書，得以滿足自己文青歲月收藏這套文學書籍的心願。

　　因為，我在高中時期也已買了遠東圖書公司出版胡適的《胡適文選》，同樣我也要到臺北念書的時候，才擁有了該公司出版的《胡適文存》，和商務印書館出版的《胡適留學日記》。

尤其是受到《胡適留學日記》的影響最深。我記得我從大一住進文學院學生宿舍開始，就學習胡適撰寫日記和打油詩的習慣，我不是使用當時時下流行的日記本，而是使用正式的稿紙，到了寒暑假時，我就帶回鄉下保存起來。

哪知有一年下大雨，家裡書櫥浸泡了水的受潮，加上後來白蟻的大肆侵蝕，不但我國文老師曹昇之教授送我的他私人著作和稿件都受到毀損，就連當時我的大學日記亦無一倖免，對念圖書館系出身和嗜好收藏圖書的我而言，真有如經歷了一場大浩劫。

尤其現在我整理僅存的大學畢業後，在服兵役期間即將退伍前的兩個月日記，更讓我每每想到這不幸事件的發生，心裡總是不甚唏噓，但已無法挽回這憾事。

著名的詩人莎士比亞曾說：「沒有嘗試過傷痛的人，才會嘲笑別人的傷痕」。我自己也曾追逐著這一場隨著歲月增長，而已逐漸模糊的刻骨銘心記憶。這褪色的青春記憶，盡是我文青時期追逐的文學夢。「書寫，在其最好的狀態時，是一種孤寂的生涯。」難怪海明威會這麼感觸地認為。

我如今也深深體會書寫的嚴肅與沉重，或許隨著歲月的滄桑，儘管我隨著年紀和閱歷的日增，可是不論在哪裡，我始終認為自己人生都只是扮演旁觀者的局外人角色。但是我無悔也不能悔，因為那畢竟是我的生活記事，那是我的選擇書寫，那是我曾經有過的文學夢，那承載著我自己多少情感的哀樂。（2016.11.24）

施金輝與林志玲的藝文之光

在臉書上看到郭慧宛加入安溪寮長安（中寮）社區施金輝空相美術館的志工行列，以及日前報載，出生安溪寮福安（下寮）社區演藝名人林志玲父親回鄉捐助獎學金的消息，對於我在《拙耕園瑣記》，常喜歡以自己老家是安溪寮社區為書寫題材的人而言，真是與有榮焉。

施金輝在世時，就以膠彩畫家聞名。當他年幼時即展露繪畫天分，據悉他在 4 歲之時，就能在紙上畫出觀音像，日後又進入安溪寮附近的後壁高中研習美術，並逐漸嶄露他的藝術專業。比較遺憾的是，當他為國家盡服兵役義務時，因為生了一場病，導致他的行走不便，但這並未影響他對藝術的熱誠追求。

施金輝曾被星雲大師譽為「畫觀音天下第一」，尤其是他展出以膠彩畫形式，呈現出三十三尊形象各異的觀音。菩薩在他的創意與巧思下，戴上頗具時尚感的寶冠，瓔珞也宛若珠寶精品設計，完美呈現莊嚴威儀的神態，可說是最具現代感的 E 世代的觀音像。

施金輝與夫人林穎英女士同時出生於 1960 年代初期，他們是高中時期的同學，夫婦二人同為畫家。不幸事情是發生在 2014 年 7 月 5 日晚間，當施金輝向家人表示要出外散步，順便看看平常關心的流浪貓之後，從此就再也未能返家。

施金輝後來被人發現，溺斃住處附近的芙蓉埤，疑因其行動不方便，加上夜間視線不佳，水面浮萍讓人無法分辨是路面或水面，施金輝可能因此踩空落水。家屬及藝文界人士對此不幸事故的發生

都倍感痛心，為表示對這位藝術大師的不捨與懷念，遂將其作品收藏成立施金輝空相美術館。

　　我有幾次回到安溪寮老家，也順道造訪了長安社區發展協會理事長，也是我三姊，我站立在三姊家的埕前，望著施金輝故居和空相美術館，可惜至今我尚無緣造訪這揚名在外的藝文館。

　　或許我的觀世音菩薩緣未到，我深切期待能早日達成願望。
（2017.01.07）

羅蘭的廣播文學

　　1963 年以出版《羅蘭小語》一書，奠定其文學地位的廣播界名人羅蘭女士，於昨（29）日因心肺衰竭病逝，享壽 96 歲。羅蘭自 1948 年來臺之後，就長期在警察廣播電臺擔任節目主持人。《中國時報》曾以「我們都是看這些書長大的──四十年來影響我們最深的書籍讀者票選活動」，讀者在五 O 年代的部分票選《羅蘭小語》。

　　至於《羅蘭小語》的彙集成書經過，根據 1983 年陳素芳在訪談羅蘭的文中指出：小小的播音室，是羅蘭無限寬廣的心靈曠野，她一方面選播音樂，同時完成當天的廣播稿。這些文字她說給自己也說給聽眾，往往先是生活事件的啟發和感慨，隨著音樂的抑揚，澄靜自己，在事件中尋繹人士共同的感悟，最後達成和諧。一個小時的節目過去，她也完成了一至二千字的〈羅蘭小語〉。

　　我對《羅蘭小語》一書的印記，可以溯自我二姊在 1964 年北上念書的那年寒假回來，我能感受到二姊思想的受影響，她從學校所帶回來後壁安溪寮老家的《羅蘭小語》，也就成為我接觸課外讀物的開始。而《羅蘭小語》的深深影響二姊，也同時啟蒙了我逐漸走向人文書寫之路。

　　我不敢自攀 1998 年和 1999 年期間，我有機會在廣播電臺主持「知識寶庫」的單元節目，是完全受到羅蘭女士在警察廣播電臺擔任節目主持人的影響，但是我可以確認的是，我學習她透過廣播稿的準備工作，來累積我自己撰寫文稿的能力。如今引導我走在文字

書寫之路的二姊和羅蘭女士都走了，我不希望留下來給我的只是讓我心有戚戚焉！（2015.08.30 午后）

第二部分　地方文誌

兩岸的中華文化底蘊

近日，馬英九與習近平分別都到國外訪問。馬英九到了巴拉馬、薩爾瓦多，回程過境美國舊金山；習近平則到韓國訪問。兩人付出的努力是一樣的，可是大家對其成果的評價，卻是出現兩樣情。

就舉這次兩人所獲較具體的經濟成果為例，馬英九與美國 7 位參眾議員電話熱線，爭取助簽 TPP，習近平則呼籲中韓爭取簽署 FTA。

TPP 是由美國主導，臺灣加入的時程在未定之天；中韓 FTA 則是由中國大陸與韓國年底前完成談妥即可。

想一想，長年來，韓國和臺灣同是受中華文化的影響，但在經濟發展則是競爭的對手。

相形比較之下，如果臺灣與中國大陸的〈服貿協議〉延宕、〈自由經濟示範區特別條例〉未決，臺灣經濟發展的未來何處去？令人堪慮。

請從兩岸的中華文化底蘊思考，大家多給為〈服貿協議〉和〈自由經濟示範區特別條例〉努力付出的人一些掌聲吧！（2014.07.06）

喜見李榮春文學館

今天《中國時報》「新故鄉動員令」的宜蘭頭城專題報導，刊登了圖文並茂的介紹李榮春文學館。

文學館是一座日本統治臺灣時期的木造日式建築，屋前有個小小庭園，花樹看起來種植的年代並不久遠，整體基地面積也不大，顯示這家主人在世的時候並非富貴人家。

但四周幽雅清靜氛圍是可以感受的，特別是在入口處的「李榮春文學館」標字，更是吸引人有不能不進去探訪的誘惑。

這些外在美都已經令人稱羨了，還有令我最震撼不已的是，它所代表的歷史意涵：李榮春一生創作，以頭城的風情文物為題，寫了 300 多萬字行銷自己故鄉。2002 年彭瑞金主編《李榮春全集》（10 冊），已由臺中晨星出版社印行。

葉石濤在《臺灣文學史綱》指出，李榮春出生於 1914 年，宜蘭頭城人。戰時被日閥徵赴大陸，光復後返臺。1956 年時出版了《祖國與同胞》當中的第一部。戰後也持續寫作，卻幾乎都沒有發表出來。1994 年逝世。

他是位值得大家學習的地方誌作家，更難能可貴的是，頭城社區的匠心營造李榮春文學館，我心嚮往之。（2014.07.14）

臺南縣長的贈書

國民黨臺北市長參選人連勝文與新北市長朱立倫，備戰年底選舉，啟動「勝立連線」，朱立倫還提點連勝文，臺灣光復後的第一任臺北縣長就是他的祖父連震東，當時臺北縣的範圍包括現在的臺北市、新北市、宜蘭等地。

我在參與《臺灣警政發展史》的撰寫第一章〈警察與國家發展之關係〉，就曾從《連故資政震東年譜初稿》一書中引述：當時負責接管臺北州的主任委員連震東，發表「告臺北州同胞書」，強調治安之重要。

贈送我這本《連故資政震東年譜初稿》書的人，就是民國 49 年至 55 年連震東擔任內政部長時，曾任他秘書的楊寶發先生。楊先生已於民國 101 年 5 月辭世，享壽 83 歲。

我非常感謝他在臺南縣長、臺灣省經濟建設動員委員會主任委員、內政部政務次長、臺南縣旅北同鄉會理事長任內對我的愛護與提攜。

楊寶發的為人處事，道德文章，和愛黨愛國情操，迄今對我影響至深，是一位令人非常值得懷念的高尚人格的前輩。（2014.07.25）

蟾蜍山的文化願景

　　我搬離溫州街的臺大公館商圈,遷到萬隆的蟾蜍山旁,屈指算來正好滿 10 年。當初選擇換房子,是因舊居坪數小,小孩子長大了,也都需要自己生活的空間。

　　另外,我還有一項考量因素,就是希望自己能擁有一間獨立的書房。所以,住進蟾蜍山旁的新居,我有了屬於自己的書房之後,乃沿用我以前臺南老家「安溪書齋」的舊名。

　　「安溪書齋」是我念大學的時候,以後壁安溪寮的老家而取名。當時年少輕狂,才不自量力的附古讀書人風雅,如盛宣懷的愚齋藏書。

　　話雖說如此,我來這蟾蜍山旁「安溪書齋」的 10 年裡,也先後累積出版了《臺灣經濟發展史》、《文創產業與城市行銷》、《臺灣治安史研究——警察與政經體制關係的演變》等六本專書和多篇論文。

　　今天據報載,臺北市文化局決議將蟾蜍山登錄為文化景觀,後續保存規畫,在山坡安全考量下,以自然生態、集體生活記憶和學校後續活化運用為原則。

　　展望蟾蜍山文化景觀的美麗未來,或許還要經過 10 年之久,才能有機會見其一番景色。

　　但這有願景,我願上天助我,在未來的 10 年,我仍然能如同這 10 年在蟾蜍山旁,過著豐碩的閱讀與書寫生活。（2014.07.31）

百年城牆百年希望

據報載，臺北市萬華寶斗里的暫定古蹟「清雲閣」，在文化局8月1日啟動文資審議程序的隔日清晨5時許，建商將該區域內共21棟建物全數拆除毀損。再對照近日發生的高雄氣爆事件，令人對這兩大城市感到有即將沉淪之憂。

回溯1997年1月18日，我曾經應當時的臺南縣文化中心之邀，特地從臺北南下，回到我故鄉後壁安溪寮鄰近的新營，發表了一場講演。

我今天特別拿出1998年6月，由臺南縣立文化中心出版的《南瀛文化叢書72》，其中輯錄了我的文字講稿。在我的結語中，我引用了當時一部由中國大陸和日本NHK合拍，名為「大地之子」連續劇主題曲中的一句話：「有大地就有城牆，有故鄉就有希望。」

試問：臺北市有百年歷史的巴洛克建築，不就是我們市民的城牆嗎？臺北市有百年城市的集體記憶，不就是我們市民的希望嗎？

我們常說：有歷史的城市，才能呈現偉大；有文化的市民，才會獲得尊敬。

或許，惡質建商見到的只是經濟利益；或許，有為市長的震怒也理當如此。然而，我們要問的是：現在中央文化部、各縣市文化局，不也都已經在推動文創產業的經濟產值了嗎？

惡質的建商是不是可以思考：能有百年城牆的城市，才有百年希望的市民，也才更彰顯百年價值的企業文化。（2014.08.06）

臺南市與丹東市的聯想

今（2014）年 8 月 6 日我去參加與我有二度之緣同事的父親喪禮，當我聽到他說道，已故父親民國七年出生於東北遼寧省丹東市時，其實我對於民國七年（1918）東北的景物，感覺是是極為遙遠而陌生，但浮現我腦海的卻是出生於大正七年（1918），一輩子留在臺南過活的先父身影。

如果他老人家還在世的話，就可以繼續與同是出生於大正七年，現高齡百歲的母親在一起。遺憾的是，父親 23 年前就離開我們遠去。

同事父親的出生東北和先父的出生臺灣，都不是他們自己所能決定的，但是他們分別生長的東北丹東市，和臺灣臺南市卻都曾是在日本殖民統治，慘遭戰爭砲火轟擊下的辛苦渡日子。

我曾經在 1992 年 5 月，我出版《為有源頭活水來》一書的〈自序〉裡寫：「這裡收錄的是我近四年來，在《臺灣日報》所陸續發表的作品。這期間，我除了本職工作、大學兼課任教及少許講演外，也因為當時先父正臥病在床，且經歷兩次的中風，致使他不但深受病體折磨，就連至親的家人都已不認得，更遑論閱讀我的作品了。記得念大學的時候，每每喜愛把我在報章雜誌上刊載過的文章，呈給他老人家，至今他那高興微笑的情景，仍然留在我的腦裡裡。」

今天是父親節，我重讀了這一段話，加上前幾天二哥經由臉書傳來先父和母親年輕時的合照，讓我對他們老人家的思念更加深加重了。（2014.08.08）

余阿勳的《日本文壇散記》

　　高雄近日多事之秋，先是氣爆，又來水災，市民真是屋漏偏逢連夜雨。記憶中的臺灣高雄有如日本長崎，1970 年代北上念書，在文學院，對日本充滿憧憬，也修了兩年的日文，當年的老師常提到川端康成、三島由紀夫等日本作家的文學作品。

　　我曾經特地在學校對面的書店，買了一本 1972 年 3 月余阿勳出版的《日本文壇散記》，書裡除了有他本人專訪川端康成、三島由紀夫的精彩內容之外，還有篇〈富於異國情調的長崎〉是他到長崎旅遊的描述：「由長崎站沿港灣南行，渡過玉江橋，右側是一長排的倉庫，據說當時誇耀世界的七萬噸『武藏號』戰艦，便是由這裡的三菱造船所建造的。」

　　又：「完成了一艘十一萬的超巨型輪船『出光號』，現正航行中東，專做輸油航行。」這裡所指長崎的三菱造船與油輪航行中東，極似高雄中國造船與中油公司的角色。

　　余阿勳又參觀了「格拉巴公館」，格拉巴是 1859 年由英國移住長崎的貿易商，這個時間不也正是早期高雄被稱名「打狗」的貿易港時代嗎？

　　歲月悠悠，港都高雄在二次大戰之後，給我留下最深刻印象的是，在臺灣外匯缺乏，日本蘋果還被管制進口的年代，當時曾服務於港警所的二哥，有一回他從高雄特地帶回後壁安溪寮老家，是我，我想也是弟妹們第一次品嚐日本蘋果的滋味。

　　過去高雄是擁有光輝歷史的城市，今天，雖經此劫難，相信港都一定很快可以再展雄風。（2014.08.14）

大師風範難尋

　　上課了我走進教室，學生還在加退選，跟學生介紹了這學期我準備上課的內容進度，順便聊了一下當前臺灣的大學教育和校園學風。下課後，我順著校園的長廊，走回研究室。我坐了下來，靜一靜思緒，整個人就突然掉入了自己在 1970 年代時的大學記憶。

　　那時，我會嘗試去了解近代著名學人如：梁啟超、胡適、錢穆、傅斯年、殷海光等人的思想和著作；我也會嘗試去欣賞文學家如：林語堂、梁實秋等人的小說和詩作。或許是自己的一股狂熱，猶如現代許多追星族的崇拜自己所喜歡的演藝人員。

　　所以，我會構思撰寫《近代學人著作書目提要》，雖然最後我只完成了一篇〈胡適之先生著作書目提要〉，而在書寫的過程，我碰到苦找不著胡適之的作品，如《廬山遊記》、《人權論集》等書的困難，還特別寫信向胡適紀念館的王志維秘書請教，承蒙王秘書函覆：《廬山遊記》係絕版書，本館曾尋求很久，迄今未得到；《人權論集》在民國十九年一月發行前一日即被查禁。

　　我之所以會有這樣的作法，主要是受到我的臺南鄉賢《亦儒亦商亦風流——陳逢源（1893-1982）》一書，所刊登 1949 年 3 月胡適遊晴園時，與黃純青、林熊祥、杜聰明、陳逢源等人合照的感動。

　　我總想：現代臺灣是不是應該努力嘗試去建立某些的典範，不讓我現在在校園行走時，頗有大師風範難尋的感嘆！（2014.09.04）

關渡平原的臺北夜景

　　昨天晚間我上關渡大成崗的臺北城市科技大學上課。這學期學校給我安排的是一年級新生的課，因為是剛開學的第一次上課，我在開場白上就特別講了些關心和鼓勵的話。

　　科技大學進修部的學生，他們不但通常來自不同的家庭背景，而且在年齡層、知識程度，和學習能力上的落差也非常大。儘管是如此，我還是發現他們幾乎都有一顆共同的心願，就是迫切地盼望「藉由進入大學之門，改變他走的人生道路」。

　　我真的感受到上課老師的責任非常重大，尤其是當我看到學生，他們白天要工作，來學校的時候甚至於都還來不及把工作服換下，就急拎著剛買的簡便晚餐，匆忙的趕進教室來。所以，老師就得絞盡腦汁，搬出十八般武藝來，增強學生的學習意願，進而獲得知識的啟發，好讓他們可以學以致用。亦即畢業即就業，立刻在工作職場得以發揮，才有能力改善家庭經濟的能力，進而再談改變他們人生的道路。

　　下課後，我從學校後門的候車亭上了捷運的接駁車，車子往楓丹白鷺社區的小徑駛去，中途從臺北藝術大學的後門轉進入校園。車子再順著山徑而下，我從車上俯看已經萬家燈火的關渡平原。再轉搭捷運的車上，我闔上眼，腦海裡似乎浮現一幅「臺灣小確幸」的景象，那不就是剛才我和我的學生所要一起追求的生活嗎？但我可以確定的這一幅，絕對不是近日在臺北街頭所發生酒店鬧事，甚

至殺警的所謂「富二代」景象。相較之下，我們是不是應該給國內
科技大學的莘莘學子多一些掌聲。（2014.09.17）

余英時的文化風雅

　　榮獲唐獎漢學獎得主余英時在講演〈中國史研究的自我反思〉，以及與聽眾的相互討論之中，提到「傳統商人並不是沒有文化風雅，而是發展自己的生活方式」。其中「發展自己的生活方式」意涵，特別引起我的聯想。

　　我在《文創產業與城市行銷》的書中，曾經檢視臺灣自戰後以來的國家總體力發展，從最早期的偏重軍事力，又歷經國家發展政治力、經濟力的過程，到了 1980 年代以後，國家的總體發展轉以強調社會力，乃至於當前國家的進入以發展文化力為主軸的時期。

　　余先生的「發展自己的生活方式」，可說就是「發展自己的文化方式」，希望大家彼此尊重臺灣多族群文化的表現，也就是要形塑臺灣文化的特殊性內涵。

　　君不見近日一連串發生消費者吃到餿水油的食品安全、夜店殺警的黑幫鬥毆逞凶、立法院的朝野政黨惡鬥、臺灣人民的兩岸認知歧見，不都是在凸顯臺灣發展文化風雅的軟實力，是非常欠缺的。

　　如果我們承認自己國家的現況，只具備小國寡民的實力，我們當能更體會現在江內閣推動小確幸生活的意義。換句話說，小確幸的國家發展目標就是要我們發展自己的生活方式，追求屬於臺灣人自己的文化風雅。

　　如果臺灣的歷史文化不再是屬於斷續的，如果臺灣的歷史文化能長久接續發展下來，也許是再五十年，也許是再一百年之後，臺

灣人自己文化風雅的典範當能建立起來，臺灣社會也將會以比較寬闊的胸襟，接納各行各業的文化風雅大師。（2014.09.20）

記結緣媽祖關渡宮

　　昨日晚間在臺北城市大學上課，從學校大成崗的財經大樓往下俯瞰，淡水河畔的夜景盡收眼底。我位置的右前方可以遠眺大屯山，左方即是朝觀音山方向。天空又飄落著細雨，學校朦朧一片。我喜歡這夜裡的美景，更羨慕這裡莘莘學子的學習環境。

　　這時我的眼光漸漸地隨著河流方向，停在正亮著燈光的關渡橋處，不遠處不就是具有文化歷史古蹟的關渡宮嗎？關渡宮勾起了我的思緒，我與關渡宮的結緣，應該已經是 40 年以前的事了。

　　更準確的時間，應該是在我大四的那年，我的初次印象是在合掌默拜媽祖，與之後的登上靈山公園，驚見於淡水河與基隆河匯流處的河光山色，這對於我這位從小在嘉南大平原長大的「文青」而言，心靈上產生極大的震撼。

　　現在縱使經過了這麼多年，我對關渡宮的媽祖崇信，和靈山公園景色的呈現，總是難以忘懷。

　　最令我慶幸的是自 2006 年起到 2010 年的五年間，我有機會能夠參加上海天妃宮、湄洲媽祖廟、天津天后宮、寧波慶安宮的媽祖文化學術研討會。

　　或許這是冥冥之中媽祖的特意安排，保佑我在每次論文撰寫與發表的那一段時間裡，我的心情總是顯得特別寧靜。明天就是農曆 9 月 9 日的媽祖昇天日了，今天我謹以崇敬的心，記下自己與媽祖的這段緣。（2014.10.01）

《農村曲》與在地文化產業

　　在臺北城市科技大學上課，每次走過財經大樓的 1 樓大廳，當等候電梯準備上四樓教室的時候，總會看到一群群的學生正在練舞，他們應該都是流行音樂和舞蹈社的社員。從他們認真學習和充滿活力的舞動，誰敢說他們是消沉、頹廢的「草莓族」。

　　也因為看到學生的喜好流行音樂和舞蹈，所以，臺北城市科技大學才有「流行音樂學程」的規劃，如果不是受限於教育部的規定，我覺得應該在學校成立新的科系，來滿足青年學子的學習欲望和社會需要。

　　現在學生所聽的流行音樂，或許已經不再是 1950、60 年代，我最愛聽的「農村曲」，但是我相信以目前他們熱衷流行音樂的程度，使他們不但已經有了專屬他們自己喜歡的流行音樂，更相信他們也有能力、有智慧，可以創造出比「農村曲」更膾炙人口的流行歌曲來。

　　我的故鄉臺南後壁區的土溝社區，是臺灣往昔最典型的種植稻蔗之村，現在結合了臺南藝術大學的學生，共同營造有創意的農村生活，展現米糖農業歷史的新機運，更賦予了大地新的生命力。

　　《農村曲》伴隨我們超過一甲子，充分展現了它的在地文化特色。現在我從臺北城市科技大學學生的熱愛流行音樂身上，讓我更堅信發展在地文化產業的目標，是可以為臺灣文創產業帶來希望的。

　　（2014.11.19）

洪炎秋的《廢人廢話》

　　報載，創立於 1927 年的臺中中央書局，在 1998 年結束營運後，預計半年後重新開張為文創書坊，還原中央書局當年設立的精神與風貌，重現往昔推動臺灣新文化運動的光華。

　　我知道中央書局，是在 1960 年代中期我在嘉義念高中階段。當我生平第一次靠投稿《嘉中青年》的稿費，我才有膽量逛進當年位在嘉義市中山路 507 號的銘仁書局，我翻閱了洪炎秋的《廢人廢話》，當時我並不清楚洪炎秋是何許人也？

　　當我站著閱讀這書〈自序〉的約略提到，蕭孟能大出《文星叢書》，我就把《閑人閑話》書中，去掉少數刺目的字眼，增添幾篇略有史料價值的文字，並根據當前的實情，改名為《廢人廢話》。另外，洪炎秋提到當年他念北大，與蔡元培、胡適、蔣夢麟、傅斯年等名士的交往。這些記述對於我當年 16 歲，真是充滿誘惑和憧憬。我也因從《廢人廢話》才知道中央書局在日治時期臺灣人推動新文化運動中所占的地位，促使我在 1970 年代中期，在臺中清泉崗服役時期，每逢有假要到臺中火車站搭車回後壁老家的途中，總不忘流連在中央書局。

　　今天也因此書，重溫洪炎秋與《國語日報》關係。我家小孩在國小階段都是《國語日報》的讀者和投稿者。尤其姐姐一直到高中還繼續得新詩、散文等類的獎項。期望中央書局能在新的未來，配合城市區域文創產業發展的概念，大放臺灣歷史和臺中在地文化的異彩。（2015.01.21）

「臺灣文學之母」鍾肇政

　　2015 年的 1 月 20 日有「臺灣文學之母」尊稱的鍾肇政老先生歡度 91 歲壽辰，桃園市客家事務局也依客家禮俗為他慶祝，並推崇他對於推動臺灣文學和客家文化所做出的貢獻。不幸，隔（21）日卻傳來著名臺裔作家陳舜臣，病逝的噩耗，享壽 92 歲。一喜一悲的兩相交集，令人不甚唏噓。

　　鍾肇政 1925 年是出生於新竹龍潭的客家人，陳舜臣則原籍臺北新莊的閩南人，1924 年出生在日本神戶。檢視鍾陳兩位作家出生的時間，不論是出生在日本或臺灣，都是正處在日本大正時期。他們同時受日本教育，講的和寫的也都是日語和日文。

　　可是 1945 年之後，隨著臺灣政經社文的環境變遷，鍾陳二人的遭遇開始產生變化。鍾老先生生活在臺灣，面對中華民國政府推動的國語文運動，鍾老先生必須開始嘗試改用中文書寫和創作。陳舜臣沒有這一困擾，他與臺灣有最直接密切連結關係的，只有 1948 年他返回故鄉，在新莊中學擔任英文老師的一年。

　　同是出生在大正時期的臺灣人中，也包括了與我生命關係最為密切的父母雙親，乃至於岳父母。生前先父引為憾事之一的就是，他受過日本教育，但在國民政府來臺之後，他講寫中文都不盡理想。

　　先父對語文的轉換遭遇，不禁讓我聯想也是出生大正時期的一位著名臺灣作家龍瑛宗。他是 1911 年出生於新竹北埔的客家人。

他自承鍾肇政中文創作能力，所受到日文後遺症的影響較淺，但我在這裡的想法：是要歸結於這是出生於大正時期的臺灣人宿命。

藉此，我也要謝謝地球出版社魏社長，送我他們出版的龍瑛宗大作《夜流》。（2015.01.22）

嘉南平原的米糖文化情感

　　1 月 23 日的這一天，應該是極具特殊意義的日子。尤其成長
於 1950 年代之後的臺灣人而言，當中華民國政府從 1954 年開始慶
祝「123 自由日」，大家一定很難忘當年大會典禮上，擔任「世界
反共聯盟」主席谷正綱，帶領與會群眾大喊「反共產」、「反奴役」
等各類式的口號，迄今我還特別記得他那貴州濃重家鄉口音的
「government to government」、「people to people」，被大家諧音
搞笑喊成「肛門 to 肛門」、「屁股 to 屁股」。

　　而 60 多年後的今天，「世界反共聯盟」組織的「反共」字眼，
隨著歷史的社會變遷，已被改為強調的「民主自由」了。從 1954
年的 1 月 23 日往前追溯 43 年，就是 1911 年所屬臺灣大家族板橋
林家，總社設在彰化溪州（湖）的「林本源製糖會社」開工日子。
而 1925 年發生在彰化的「二林蔗農事件」，就是導因於林本源製
糖長期收購蔗糖，和出售肥料價格的不合理所引發的農民抗爭，也
促成 1926 年「臺灣農民組合」的組織性「反殖民」、「反帝國」
鬥爭。無論是 1920 年代的「反殖民」、「反帝國」，和 1950 年代
的「反共產」、「反奴役」，對於同時經歷過這兩個年代的我父母
親而言，他們都很少會主動去談論他們的看法。

　　先父生前服務於烏樹林糖廠，母親則為農婦，我們家是典型的
依賴米糖業經濟。米糖業發展與臺灣歷史文化相連，也是部份臺灣
人的集體記憶，特別是對嘉南地區的農民而言。這份在地情感的米
糖文化，也正是臺灣要發展文創產業的重要元素。（2014.01.23）

鐵道文化

今（24）日的《中國時報》有兩則我覺得非常有意義的新聞。第一則的標題是：「內閣補齊『小毛治國們』看家」；第二則的標題是：「臺北機廠全區保留將列國定古蹟」。這兩則標題乍看之下似不相干，但仔細讀了內容，發現兩者的交集，至關臺灣文創產業的發展。

審視臺北機廠和鐵道工場的風光歷史，溯自 1880 年代劉銘傳的引進西方技術，在臺灣開始推動的近代化運動，以及日本殖民臺灣時期的接續建造發展，凸顯現在臺北機廠具有歷史、文化、建築、設計、地方景點等鐵道文創產業的價值。文創產業發展本身就具有跨學科整合的特性，鐵道文創產業所跨部會合作的單位，正聚焦在文化部、交通部及臺鐵的相關部門。

我們深盼毛內閣這次的文化部、交通部的人事布局，有助於推動臺灣鐵道文創產業的發展。最後，我願引曾任立法院長、交通部次長的文化人張道藩《酸甜苦辣的回味》書裡，在他為梁實秋譯完《莎士比亞全集》序裡所寫的話，提供給新上任的文化部、交通部長做參考。

張道藩的這段話是這麼寫的：「在我們文友中，梁先生是一位風度凝遠的篤學之士；不矯情，不矜誇，不草率；默默埋頭工作，一步一步做去，一本一本譯著；不因世局動盪而游移，不因生活顛沛而中斷。他能得到今天這樣的成就，全屬實至名歸，有如農夫由辛苦的春耕而獲豐富的秋收，絕無任何僥倖。」（2014.01.24）

蔣經國圖書館的在地化

昨（26）日近中午時間，我和家人從公館附近搭 251 號公車到重慶南路，正要下車的時候，正巧遇到已故臺南老縣長、內政部前政務次長楊寶發的遺孀，和他家公子。

楊前次長遺孀的妹妹與我已故的二姊最要好，她們不但是高中同學，而且妹妹還曾經寄宿我家。迄今，她對我的母親一直感恩在心，因為她感受以前住在我家的那一段時間裡，母親視她如己出，對她的關心和照顧甚至於超出對已故二姊的愛。

楊老縣長過世已經 2 年多了，然而我對他的懷念也更深了，我總是會想起他對我的提攜之恩。在他 1977 年至 1985 年的任職縣長 8 年期間，除了希望我返鄉擔任他的縣長機要之外，有次則要我到縣立圖書館服務。因為，他始終認為所有的政治都是地方政治，沒有地方哪來的中央政府。我想他生前會有這樣的認知，或許是他與蔣經國總統推動本土化（在地化）有密切淵源吧！

因此，蔣經國擔任行政院長時期的推動本土化政策，和總統任內宣布解嚴的政治民主化，成為他生前在臺灣的主要政績，也是研究臺灣政經發展的焦點。近日曾經擔任 AIT 第一任理事主席的丁大衛（David Dean）剛出版回憶錄，書中談到不少有關他與蔣經國交往的情形，以及後蔣時代重大權力轉移的秘辛。（2015.01.27）

臺南天仁工商職校的盛與衰

　　報載，文化部長洪孟啟認為，文化部官員應該要有經紀人、業務員概念，政府應該當「文創平臺」，我非常贊同這句話。就政府經濟職能文化部有責任扶持文創產業的發展。洪孟啟部長還特別指出，文化部有兩大「壓力鍋」──文創司及影視司。

　　「文創司的壓力來自產業如何有系統結合而非單打獨鬥、新科技及微型產業如何找到長期發展」。這段話倒讓我感傷：今年臺南天仁工商職校宣告停止招收學生。該校是由學甲在地的知名企業家龔聯禎創辦，迄今已有 50 多年歷史。我對該校印象特別深是，1984 年臺南縣模範父親的表揚大會選在該校舉行，當時因為家父身體不適，改由我代表他老人家出席領獎，當時見到的天仁工商校務日正當中，縣內許多的重要活動都會在該校舉行。

　　如今，隨著地方產業的空洞化影響，該學校被迫解散，也凸顯在地產業的面臨轉型。產品講求創新，不知當地紡織品的設計、生產，能否透過文化部的微型產業平台再現生機？「影視司的壓力源來自新科技發展迅速以及對岸的磁吸效應，需重新界定電視，找到掌握新科技方法」。這段話倒讓我聯想 NHK〈限界集落株式會社〉的電視劇。「限界集落」在指出這地區人口大幅減少，且 50%以上為 65 歲以上老人家所共同生活的聚落，並凸顯其生活機能面臨臨界點，為即將廢棄消失的村落。

　　這劇本背景描畫的日本農村困境，亦如臺灣現在農村的寫照。這樣的影片，影視司平台能否扶助臺灣影視界拍攝，例如在白河臺

影文化城的拍攝本土劇，看了這類似影集，可以鼓勵年輕人到農村，透過新科技的結合，發展具有地方特色的文創產業。（2015.02.05）

媽祖文化節的彰顯臺灣工藝

　　文化部資產局規劃今年的迎春活動，本月 7 日已在臺中市文化創意園區，首波由日本「古川祭」特展登場。現場除了展出神輿行列巡行、傳統木造街屋、屋台、家紋法衣等文物，並設有古川町文創商品區，還有木匠工藝榫接、古川祭線控木偶等供觀眾體驗之外，農曆大年初三至初五還安排日本團隊表演起太鼓、獅子舞、子供歌舞伎等表演。

　　「古川祭」是日本重要的春節祭典活動之一，被列為國家重要無形文化財。「古川祭」一系列的節目，很容易讓我就聯想到臺灣的「媽祖文化節」活動。媽祖文化雖被聯合國列為非物質文明的遺產，但是我們仔細觀察：不論是官方或是民間宮廟舉辦的「媽祖文化節」活動，年年都是媽祖繞境、分靈回祖廟、信眾祭祀等活動，有時候宮廟也會以辦攝影比賽、晚會等節目來增加熱鬧氣氛。

　　臺灣的「媽祖文化節」相較於日本的「古川祭」，很明顯忽視了媽祖宮廟傳統工藝的具有優勢。臺灣媽祖的宮廟，包括澎湖天后宮、大甲鎮瀾宮、北港朝天宮、臺南大天后宮等歷史建物都有百年以上的古蹟價值。這樣的傳統建築文化可以累積為具有歷史意義的重要觀光資源，有效創造產值。當然這又回到古蹟維護與活化的議題。雖然「古川祭」是由古川町，這小區域為春節祭典所發展出來特有的鄉土文化，只是一個小城鎮的當地人共同記憶，但經過時間歲月的文化累積，卻能發展出具有觀光文化休閒的文創產值。

　　臺灣的重要媽祖宮廟是不是應該多學習「古川祭」的運作模式，好好利用「媽祖文化節」來凸顯每座媽祖廟（天后宮）的傳統工藝價值，讓國際觀光客願意到臺灣來欣賞「媽祖祭」。（2015.02.09）

古建築的鄉土文化價值

　　歲末了家裡大清掃，也順便整理書櫃和成堆舊資料，無意間翻出幾張照片，其中有張是與同事參加自強活動，在《救國團墾丁青年活動中心》的合照。這青年活動中心的設計師，正是剛逝世不久的建築人文大師漢寶德教授，其閩南式建築也是漢教授以長年從事古蹟修復工作的經驗，透過現代技術來詮釋民族與鄉土形式的建築。漢教授在《文化與文創》的書中指出，「鄉土文化的價值最重要的仍然是懷舊的價值。就像我們懷念父母一樣，對於過去的文化，一方面必須拋棄以求進步的生活，一方面則不能忘記我們的源頭，有趣的是，越是現代化有成，逐漸擺脫貧苦的過去的人民，對於傳統，越有懷舊的思念。因此產業化方面，懷舊成為一種動力，看我們如何加以利用。」

　　漢教授的這段話，可以引用在前兩天臺南才開幕啟用的日治時期臺南知事官邸。該建築擁有 115 年歷史，是日治時期磚造建築的重要地標，現是市定古蹟，據稱還曾為日本總督南巡行館，1900 年至 1941 年共有近 20 位皇族流連與參訪，是當時御用「御泊所」。

　　這古建築正凸顯殖民的文化與生活，儘管有臺灣人痛苦的記憶，但對臺南部分本地人而言，卻是一種懷舊的鄉土文化。

　　懷舊的鄉土文化力量可以用來促成地方文化的保存，也涉及到生活文化的產業化，和擴大觀光產業的發展，也是我們所稱促進文創產業的基本動力之一。

　　漢教授指出的懷舊情感力量，在歲末的時刻裡輕易地觸動了我的感傷，讓這位在異鄉討生活的我，不禁懷念起自己臺南後壁老家的舊居和生活點滴。（2015.02.10）

微型城市的文化園區

今（19）日是大年初一，臺灣習俗通常大家早餐會享用素食，也會抽空到寺廟裡拜拜。今晨我在做完八段錦的運動之後，還禮頌《天上聖母經》，祈求媽祖保佑我們。又接到二哥傳來，大年夜飯他們一家人特地安排與母親在餐廳的溫馨照片。我由衷地感謝二哥二嫂多年來，照顧我們高齡母親的無微不至。現在，雖然我心裡平靜些，但是回想昨天我忐忑不安的心情，總覺得那時刻應該是我，有如往年正從外地要趕回與老人家相聚過年的途中，只是自從母親離開後壁老家到高雄之後的每年年夜飯，我的這種感受就不曾再有過。這似乎印證了「父母親在那裡，家鄉就在那裡」。

日子一年一年的過去，我隨著歲月的增長，對自己人生的信仰，態度也越來越堅定。這幾年也都特別關注臺灣的民俗信仰，尤其是參與有關媽祖文化的學術研討會和廟會活動。例如近日，我會關心：澎湖「大倉媽祖文化園區」的興建，為什麼在縣長換人之後，就會出現要暫時停工的問題？我也會振奮：新竹玄奘大學師生研究每年產值破億元的大甲鎮瀾宮遶境活動，藉由長卷軸進行圖像記錄，開發周邊紀念品，獲得廟方激賞而成為微型城市的代表作。

臺灣眾多的媽祖廟，從規劃媽祖文化園區的結合微型城市發展，不失為推動區域文化，發展具有地方優勢的在地文創產業。

舉如大年初一，大家都會想要到媽祖廟拜拜的習俗，如果地方政府能針對自己的地方特性，舉辦各不相同的「媽祖文化季（祭）」，

來帶動地方觀光休閒活動，發展每一城市的所謂「微型城市的媽祖文化園區」，應該也是發展文創產業的一個好方向。（2015.02.19）

舊居、故居、紀念館的歷史變遷

今（23）日農曆元月初六，臺灣習俗是開工日，不遠處傳來鞭炮聲。可是「舊居、故居、紀念館」的議題，在這新年假期的日子裡，卻不斷縈繞我心頭。我想起去年年底風光開館的「孫運璿科技人文紀念館」，對於其突顯臺灣經濟發展史的主題展出，這對前行政院長孫運璿的貼切寫照，尤具歷史文化的社教功能。

「孫運璿科技人文紀念館」位在重慶南路 2 段 6 巷 10 號，從1980 年底孫先生遷入，至 2006 年 2 月逝世，可稱之「孫運璿故居」。但該建物的追溯源頭，是建於 1904 年間臺灣銀行株式會社所有。1949 年至 1953 年吳國楨出任臺灣省主席期間，曾擔任省交通處處長和財政廳廳長的任顯群先生，是在他廳長任內身兼臺灣銀行董事長官邸，可稱「任顯群舊居」。

從臺灣銀行官邸、任顯群舊居，再成為孫運璿故居，並增建補修成為「孫運璿科技人文紀念館」的如今對外開放，再加上任治平口述《這一生——我的父親任顯群》一書的出版，有關任顯群與陳儀、吳國楨之間的政治糾葛，和任顯群與顧正秋、蔣經國之間的感情逸聞，增添不少「孫運璿科技人文紀念館」的歷史文化紀事。

不論是舊居、故居、紀念館的管理與經營，政府推動的力量絕不可少。我們再看「葉石濤紀念館」成立經過，若是沒有臺南市政府將市定古蹟的山林事務所，指定作為文學紀念館之用，葉先生的生前文學史料及文物將無法做最有效蒐藏與運用。如果拿來對照文

學家彰化陳虛谷故居的「默園」,雖有這一祖厝的美輪美奐,卻發
生日月明功的虐死高中生案,不禁令人無限唏噓。(2015.02.23)

文學家楊逵的故居地

今（15）日是臺灣文學家楊逵逝世 30 周年，家鄉臺南新化楊逵文學館昨日舉辦「楊逵逝世紀念專輯展」，陳列 1985 年 25 本楊逵生平刊物，讓人見證當年的楊逵風。楊逵之子楊建說，臺中市正準備籌設「楊逵紀念館」，原選定臺中市長官邸，但因楊逵畢生為基層發聲，他已表達反對立場。

我記得 3 年前，楊逵的孫女楊翠曾向臺中市政府提出興建「臺灣文學公園」的訴求，並希望在其中保留一處「楊逵文學紀念公園」。主要原因是楊逵生前位在東海大學對面的故居地「東海花園」，楊翠「希望臺中市政府能將 6 千多坪規劃為臺灣文學公園，而其中阿公耕讀的東海花園遺址，籌建楊逵文學紀念公園」。

楊翠更希望這座文學公園，能開闢兩條文學步道，一條是讓民眾用雙腳走過楊逵生前生活、耕讀路徑；另一條是展列有其他文學家寫有關楊逵的文句、詩詞，在文學之間俯仰的自然步道。這座文學公園應屬文化公共財，家屬不願見到楊逵故居地——「東海花園」的文化空間被埋入歷史墳場。

楊逵出生在臺南新化，1935 年之後定居臺中，我本就敬佩楊逵的文學成就，我也敬佩楊逵子孫為守護家園，為保衛他們阿公故居地「東海花園」的鍥而不捨精神。

先父與楊逵是同一時代的人，先父為我們家人辛苦建造的房子，給我們後代子孫遮風避雨，得以長大成人，我更應該為守護我家祖厝，為保留陳氏祖先故居付出心力。（2015.03.15）

林語堂故居的潤餅文化節

清明假期的前一天（4 月 2 日），我居然可以在學校的餐廳裡，享受到一餐應景的潤餅美食。我之所以感到訝異，是因為我在 3 月 31 日才從報載，得知林語堂故居推出「林語堂潤餅文化節」一系列活動的消息，我正納悶林語堂與潤餅美食有何淵源呢？

我只記得我曾經在美食家韓良露女士發表的〈人生七味之旅〉的大文中，看到韓女士提到她「親愛的丈夫最愛吃炸春捲」。原來，日前剛過世的美食家韓良露女士，過去多年來就一直替林語堂故居策畫「春天潤餅文化節」活動，而今日又逢藝文界為韓良露舉辦的追思茶會。

韓女士的阿嬤是臺南人，在她的作品裡有許多介紹臺南小吃的文字。她同時強調食物語言的教導，也是一種文化傳承的思維。我雖未曾參加品嚐林語堂故居「春天潤餅文化節」的 DIY 潤餅宴，但可以想像該活動所展現的盛況。雖然南部與北部料理的潤餅材料大同小異，但是令我懷念的還是母親為我們所準備潤餅。

在那個屬於生活較苦的年代，母親為了能節省下潤皮，教我們的總是需要雙手大捧的包捲潤餅方式，我們還是吃得真起勁。因為，這裡面還融入了母親對我們的感情。這多年來，我自己年歲漸長，才慢慢地、深深地體會出生活美學大師林語堂，在〈年華漸老〉一文裡的這段話：「自覺已到達某一境地，安下心來，找到自己追求的目標。也自覺有了某一種成就，比起往日的燦爛顯得微不足道，

但值得珍惜。」當今推廣潤餅的美食，本身蘊涵的就是代表一種文化傳承。（2015.04.03）

《後壁鄉志》補遺

　　今（2015）年 5 月間我應國立臺灣圖書館發行《臺灣學通訊》的邀請，寫了一篇有關日治時期的文字稿，7 月文章登出之後，我特地走訪了一趟國立臺灣圖書館，和了解該館的「臺灣學研究中心」。同時，希望能找到我們陳家祖籍在日治臺灣時期的檔案文獻，卻讓我意外地找到由臺南縣後壁鄉公所出版的《後壁鄉志》。

　　檢視《後壁鄉志》的介紹兩位重要工商業人士林榮賢和黃崑虎，在介紹安溪寮金紫戲院的起造人林耀東時，我曾提到他娶的太太邱湘，是東山區世家邱秋貴的大女兒。邱秋貴共育有 5 男 5 女，除了大女兒是嫁給安溪寮林家的林耀東為妻之外，二女兒邱棻也是嫁入安溪寮林家，新郎就是林榮賢。邱秋貴最小女兒邱甜則是嫁給新東村（俗名新港東）的徐朱南。徐朱南、邱甜夫婦也就是我的岳父母。另外，邱秋貴的次男則是娶黃崑虎家族的黃素娥，黃素娥有位哥哥叫黃國清，在後壁鄉旅北同鄉會中極為活躍。

　　先父在世時認識東山區的邱秋貴，也知道林榮賢在臺北經營事業有成，特別是在 1970 年代前後，臺灣蘭花大宗外銷日本時，林榮賢位在臺北通往陽明山仰德大道途中的白雲山莊，就是他種植蘭花的主要產地。1970 年代末期，我和家人還曾經上過白雲山莊，接受其在莊內所開設蘭花餐廳的接待。林榮賢過世後，白雲山莊沒落了。我對照了《後壁鄉志》與臺灣省文獻會洪敏麟總編纂的《草屯鎮誌》、《大肚鄉誌》，我家鄉出版的《後壁鄉志》應該還有努

力增修訂的地方。這次的《後壁鄉志》補遺，也讓我聯想起鹽分地
帶文學家吳新榮主編的《臺南縣志稿》。（2015.08.21）

《南瀛文獻》與《臺南縣志稿》

　　近日為整理戰後初期（1945~1949）南瀛文學家吳新榮，其在該時期治安與文學之間關係的角色，我特別從圖書館借來在臺南縣長陳唐山任內，由文化中心主任葉佳雄策畫出版的《吳新榮選集》，和從我的書櫃中找出前臺南縣長楊寶發生前特別贈送給我，是施懿琳著，臺灣省文獻委員會出版的《吳新榮傳》。

　　這次的閱讀成果，讓我更深入了解在經歷二戰前後的這一代臺灣文學家，當他們在面臨政權轉移所牽動語言文化的改變時，其內心深處都存有一種無法說出來的苦，這真是沒有親身經驗的人所能完全體會的。我敬佩的吳新榮文學造詣，他能跨越語文書寫的障礙而不致停筆。吳新榮出生於 1907 年，接受的是完全日本式教育。戰前，他除了當選佳里街協議會員之外，也發表日文的散文、詩、小說，和華語詩、臺語詩等文學作品。戰後，他曾當選北門郡治安維持會副委員長、臺南縣參議會議員，和擔任國民黨北門區黨部書記等職，1952 年更出任臺南縣文獻委員兼編纂組長，主編《南瀛文獻》、《臺南縣志稿》。

　　閱讀了吳新榮一生的豐碩作品之後，我聯想起父親生前對我說過一段很感慨的話，他戰後在烏樹林糖廠工作期間，他從技工做起，努力表現工作多年後好不容易升上領班的職位，他自知如果想要再有升遷的機會，就必須要改變講閩南語和日語的習慣，增進練習用國語文簽辦公文的能力，但他面臨了書寫上的困難。今天我當體會

他們那一代在面臨政權轉移和語文書寫的改變，我更能感受到先父
生前在工作上所遭遇的苦和痛。（2015.09.09）

文學家吳新榮與臺南縣參議員

在閱讀吳新榮作品，了解他是在 1946 年第一屆佳里鎮鎮民代表會議，當選臺南縣參議會議員。4 月競選臺灣省參議員，尋求好友蘇新和蔡秋桐的支持。半個月之後，加入中國國民黨。7 月被推為北門區黨部書記。10 月競選佳里鎮長落選。

1947 年 2 月 28 日發生不幸事件，3 月 3 日吳新榮組織「北門區時局對策委員會」，8 日參加縣參議會主持召集的臺南縣民大會，9 日被推選為「臺南縣二二八事件處理委員會」總務副組長，隔日參與「二二八事件處理委員會北門區支會」的審議組織大綱二十條，13 日被扣押，隨即釋放後，隔日開始逃亡。4 月 26 日向臺南市警察局辦理完成自新手續，5 月 2 日依通知向憲兵隊報到，接連被審問、移送，直到 6 月 20 日警總核發「盲從附和被迫參加暴動分子自新證」後獲釋。8 月起仍然繼續出席縣參議會會議，直到 1951 年 1 月的參加臺南縣第一屆縣議員第六選區選舉落選為止，吳新榮正式告別地方民意代表的職務。

我對照了 1946 年 3 月吳新榮當選縣參議員，該屆副議長是出身後壁鄉楊群英，和 4 月吳新榮未如願參與臺灣省參議員選舉，而代表我家鄉後壁當選省參議員的是殷占魁。我在閱讀《吳新榮選集》第二集紀載，吳新榮於 1953 年 10 月 13 日到白河、後壁進行有關石劍古物的採集時，還特別提到楊群英、殷占魁，再加上曾任省糧食局長的李連春等三人，有「後壁三傑」的美稱。我認為「後壁三

傑」在地方政治上的傑出表現，是值得「後壁區誌」加以特書的。
（2015.09.11）

讀〈記小雅園琄琅山房主人〉有感

　　近日校稿完成《警察與國家發展——臺灣治安史的結構與變遷》一書（蘭臺出版），和初稿完成〈戰後初期臺灣治安與文學關係之探討——以 1945~1950 年吳新榮為例〉的學術研討會論文，心中有頗多的感觸，尤其是閱讀了吳新榮三公子吳南圖在回憶佳里老家所寫〈記小雅園琄琅山房主人〉一文，更是讓我感受我後壁自家「拙耕園安溪書齋」的相形見絀。

　　吳南圖在〈記小雅園琄琅山房主人〉的文中提到，以紅磚短垣圍繞約一萬平方呎的小林園，以祖父別號——雅園，而命名為「小雅園」。其主要建築為「琄琅山房」及「涼亭」。山房是其童年居住讀書的地方，山房主人（指父親吳新榮）把它分隔成三部分，東側是大孩子的寢室，西側是大人與較小孩子的寢室以及父親的書桌，中間是小孩的書房兼餐廳。兩座落地書櫥緊靠在書房東西兩側牆壁，排滿了上千冊日文世界名著與童話集。少數中文、德文、英文書。那些名著及心愛的雜誌都加以精裝，編號成「震瀛藏書」。

　　吳南圖文中繼續描述：小雅園的花圃占地不大，恰在山房涼亭間，以紅磚人行道隔開，山房主人在兩側分別以桂花、樹蘭為中心，……小雅園著名的菓樹，除夏天的芒果、蓮霧，秋天的文旦、柚子……我們幾乎終年不愁沒水果吃。小雅園別有天地，讓我們捉迷藏、辦家家酒、結蜘蛛網抓蟬子、抓金龜子、爬果樹摘水果、用水灌肚白仔，歡樂童年歷歷在目。

　　我自比「拙耕園安溪書齋」留給我們陳家人的歡樂時光，亦有如「小雅園琱琅山房」所記述吳家人的共同記憶。（2015.09.21）

葉石濤的《從府城到舊城》

　　我在擬撰〈戰後初期臺灣治安與文學關係之探討——以
1945~1950 吳新榮為例〉一文的最末，引用了葉石濤對吳新榮的評
論：「戰後吳新榮活躍於鄉土政治的舞臺上，卻得不償失。致命傷
在於他是懷有理想主義的文化人而不是詭譎萬端的政客。他也具有
日本教育培養的法治規範，極不適宜中國人的詭詐風格。」

　　我認為這裡所指的「極不適宜中國人的詭詐風格」，當指代表
政府接收臺灣的陳儀及其成員中的部分人士，為維持臺灣治安所採
取的不當措施。至於，葉石濤繼續的對吳新榮評論：「晚年，他脫
離政治，專心於臺南縣文獻會的田野採集工作，腳踏實地蒐集地方
文獻，這才是他的真實面貌。他的日記、研究論文奠定了臺南縣地
方史的基礎。」這是對吳新榮在臺灣文學創作的努力與成果的肯
定。

　　葉石濤在 1999 年出版《從府城到舊城》的〈序言〉中提到，
「府城」所指的是臺南，「舊城」所指的是左營。他說他的前半生
生活在臺南，後半生生活在左營；這兩個古城的生活構成了他整個
生命的歷程。葉石濤的出生地是在原臺南縣龍崎鄉，如果要對臺南
縣地理位置和政治生態細分，龍崎鄉是屬靠山鄉鎮，習慣上被稱為
「山派」；而吳新榮出生地將軍鄉則靠海，被稱為「海派」。這是
以代表海邊的劉博文和代表山邊的胡龍寶，在分別擔任過臺南縣長
之後，所形成臺南地方派系的政治板塊。這讓我聯想起先父和母親，
與這兩位同鄉文學家葉石濤、吳新榮的同屬世代生活與遭遇，我想

　　在他們那個困苦年代是沒有臺南政治上的派系之分，有的只是在日本人統治與戰後國民黨政府接收臺灣時的共同記憶。（2015.09.27）

沒有土地，哪有文學

　　最近幾個月以來，為了發表論文的需要，我專注於 1945 年至 1949 年戰後初期臺灣文學的發展，特別閱讀葉石濤、吳新榮、楊逵等名家的作品。他們都有著共同的歷史遭遇，接受日本教育，遭遇日本政權和中華民國政權交替時刻，以及其後所面臨語言使用、文化差異，乃至於國家認同的問題。這次，我重讀葉石濤 1985 年遠景版的《沒有土地，哪有文學》，讓我回想起 2008 年 12 月間我正忙於校稿《臺灣經濟發展史》（蘭臺）一書時，震驚於葉石濤的過世消息。因為，我寫《臺灣經濟發展史》的史觀論述，除了主要受益於曹永和的「臺灣島史」之外；其次，就是受到葉石濤《臺灣文學史綱》的影響。

　　就如同葉石濤在《沒有土地，哪有文學》寫的：從四百年前開始，這塊土地，被先後入侵的異民族西班牙人、荷蘭人、滿族及日本人所侵占，因此臺灣的主權被迫經過多次的轉移。……臺灣的歷代漢民族常和原住種族並肩作戰，抵抗外來異族的暴政，衝分表現了「輕生好勇，慷慨悲歌」的優秀民族精神。一部臺灣歷史等於是臺灣居民追求自由、幸福的保鄉衛土的抵抗史。

　　今日再讀葉石濤《沒有土地，哪有文學》所提到，「臺灣這一塊既美麗又豐饒的大地──乳與蜜流瀉的土地」這段話時，又讓我聯想起 1997 年 1 月 18 日我應臺南縣文化中心主任葉佳雄之邀，從臺北回到自己故鄉的一場演講，我記得我當時做的結語是引用一部

連續劇「大地之子」，其主題曲中的話：「有大地就有城牆，有故鄉就有希望」。（2015.10.05）

葉石濤文學紀念館的聯想

　　近日連續閱讀葉石濤作品,也瀏覽「葉石濤文學紀念館」網站,驚見「葉石濤文學紀念館」的座落在臺南友愛街與中正路五巷交叉口上,而且東又與國立臺灣文學館,北乃中西區圖書館,三者共同形塑出中庭,園內綠草如茵,植有喬木數株,環境優雅至極。我造訪「葉石濤文學紀念館」之心,油然興起,尤其是它位在友愛街上,更勾起我學生時代的一段往事。時間回到 1970 年的春夏季,那是我人生以來自己可以感受出的第一次低潮,我有幾個月的時間,與幾位高中同學就寄宿在那一條街上。當時提供我們寄宿的同學林鴻生告訴我,那是他姊夫家的祖厝。它是一棟古式的建築,樓下原是開設印刷廠用,二樓是作為住家用,而且還有一露台。當時我們幾位同學就住在這二樓上,這祖厝建築不但上二樓的樓梯是木造的,地面上也全鋪設木質地板,就連我們睡的上下舖床也是木製的,而且都是同一顏色系列的,顯得古色古香,每當我們走動或有任何動作的時候,都還會發出聲響來。

　　我們一起住在這老房子準備考試,一直到大學聯考結束,大家才解散各自回家。放榜後,林鴻生考上師大國文系,我進了輔仁大學。9 月開學上了臺北,我還曾到和平東路的師大找林鴻生,並謝謝他提供溫書環境。此後到現在已過 40 年時光,我們未再相互捎來消息,當然更未曾再見過面。我心嚮往著「葉石濤文學紀念館」,也想重溫舊夢的走訪友愛街,孰不知以前的舊居,現今還安在否?

　　孰不知我這位老同學，現今還健在否？盼望有日，能與他一起重遊
友愛街的舊居地，和造訪葉石濤的文學紀念館。（2015.10.09）

楊逵的土地之愛

　　近日我重新接觸吳新榮、葉石濤和楊逵等三位文學家的作品。我之所以選擇這三位，因為他們都是出生在臺南地區，這是與我成長與學習過程的地方有關。根據 1985 年葉石濤寫的〈楊逵的文學生涯——前衛版楊逵全集序〉指出，「楊逵，1905 年出生於臺南州（縣）大目降街（新化鎮）的古老手工藝錫店。他的幼少年時代跟人文薈萃的臺南府城有密切的關係。」

　　另外，我從王拓整理的〈楊逵年表〉中，約略檢視楊逵，在1924 年的 19 歲時，因為不願與童養媳成婚，並為接觸新思潮與擴展視野，自行由臺南州二中退學，東渡日本求學與工作；1927 年為響應「臺灣農民組合」的召喚而束裝回臺，積極參與國內各類社團與社會運動；1929 年與葉陶在新化舉行婚禮；1931 年在高雄內惟砍柴出售維生；1937 年 6 月再赴東京，9 月返臺後的楊逵，因欠米店 20 圓而被告到法院，幸賴日籍警官濟助 100 圓，償清債款，又將餘款租用土地，開闢「首陽農場」。臺灣光復，「首陽農場」改稱「一陽農場」。

　　上述楊逵的出生在新化、響應「臺灣農民組合」、回到新化成婚，和開闢「首陽農場」與改稱「一陽農場」，乃至於後來的「東海花園」。在楊逵 80 年歲月的一生中，除了其文學創作與多次被關的特殊意涵之外，我感受到是他對臺灣這塊土地的熱愛。特別是楊逵的出生在新化與回到新化成婚的淵源，新化這地方之於我，是我人生中第一次離開後壁安溪的老家，寄宿在外求學的初嘗思鄉滋

味，那也正是我在新化開始接觸到「文星雜誌」、「文星叢刊」的思想啟蒙，和「文青」愛好文學的時期。（2015.10.18）

《嘉中青年》與我的書寫啟蒙

日前據報載，建國中學校刊《建中青年》1958 年發行至今，即將邁入第 142 期。不過，建中青年社學生在臉書 PO 出聲明，為落實編輯自主，未來將轉化為獨立刊物，不再以校刊名義出版；但校方受訪時卻回應，無論校刊或社團刊物，學校都有審查權，對於學生聲明，將再繼續溝通。

《建中青年》的這些事，讓我憶起自己曾有過的文藝青年之夢。我的喜好歷史文學始自家庭因素，回溯我人生的第一篇文章被登出，是刊在《嘉中青年》，篇名是〈從王尚義到野鴿子的黃昏〉。因為，那時候我迷上《文星叢刊》和《水牛文庫》出版的叢書，而那也都停留在閱讀的階段。我開始懂得寫稿，和有投稿的動機完全是受到室友的影響。當時我的室友姓蔣，他在這方面的能力比我強多了，加上他受當老師的父親的教導。

我記得我們兩人同時投稿，也都被刊登出來。這也是我高中時期唯一投的一篇稿子，但對我以後喜好歷史文學，和大學報考文組的影響至深。進了大學之後，我有機會參與學校社團的刊物，包括投稿《輔大青年》和編輯《輔大新聞》，仍然繼續做我的「文青」之夢。一直到我們編輯的《輔大新聞》被校方通知改組，其情況比現在《建中青年》的處境更為難。

我也就在《輔大新聞》的這段不愉快經驗之後，接著受到在校外雜誌社工讀領不到薪水，和畢業以後找工作的不順利，我的文藝青年夢也就醒了。（2015.10.25）

北白川宮能久親王的遇刺？

　　1895 年 10 月 28 日，日軍近衛師團司令官北白川宮能久親王逝世於臺南。根據當時日本政府的宣布，說是死於罹患瘧疾，但是迄今臺灣對於這一位帶兵侵占臺灣的日本皇室死因，仍存在有許多不同的說法。日前我閱讀了一份〈北白川宮能久親王「御所」遺跡〉的資料，我把它的內容抄錄如下：「馬關條約後臺灣割讓日本，清光緒 21 年（1895 年）明治天皇派遣三支軍旅來接收臺灣，其中一支軍旅是由北白川宮能久親王所率領，由北至南掃除抗日勢力。

　　根據本地史料記載，能久親王在攻陷嘉義而前往府城途中，10 月 11 日在安溪寮遭到義士翁玉丕的刺殺，受重傷的親王墜入馬下，匿避現今芙蓉埤附近的王家（現長安里 43 號）為養病的御所，並興建紀念碑以為尊敬；如今御所房屋傾倒、紀念碑已不復見。」同時，在這篇文末了還附有一張當年能久親王「御所」，現今遺跡已是荒煙漫草的畫面，並屬名照片提供者為林銘基。

　　林銘基應是我讀安溪國小時的國文老師，1957 年我初入小學，林銘基老師當時已從臺南師範學校畢業，回到自己鄉里奉獻所學。我記得林老師教我國文課時，還曾經誇獎過我二姊功課好，字又寫得好，他是我的作文啟蒙老師。林老師教學認真，我們都很敬佩他的學識與為人，甚至到現在他還提供圖文，來協助我三姊推動長安社區發展協會的工作。如果能證實久親王被刺殺後，匿避芙蓉埤附近的王家為養病御所，並能尋獲興建的紀念碑，那必能增添後壁安

溪寮長安社區的歷史掌故，俾有益於當今推動具地方性文化，和全球性市場文化的凸顯臺灣文創產業特性。（2015.11.01）

林豪的《東瀛紀事》

　　我在閱讀《諸羅縣志》、《嘉義管內采訪冊》和《東瀛紀事》等文獻資料時，特別留意與後壁安溪寮有關治安的記述。我認為清代有四大治安事件，除了朱一貴、林爽文、蔡牽等三大事件之外，就屬 1862 年（同治元年）所爆發的戴潮春治安事件，而林豪所纂寫《東瀛紀事》就以記述戴潮春事件為主題，並且該事件發生所擴及的地點，就與我的老家後壁安溪寮有關。

　　我引《東瀛紀事》的記述如下：「四月初七日，掛印總兵林向榮統兵三千發郡城，以都司陳寶三為統帶，同知甯長敬辦理糧台。初九日，軍次枋埤（即今臺南市後壁區崁頂里）……賊據南靖厝、後寮仔相持，以八掌溪為界。戴彩龍糾……悉眾數萬來犯……賊據白沙墩（現今後壁區新嘉里）……自是青寮、後壁寮皆從賊，而糧道為所斷矣。賊輕官軍，有溪南賊目執旗當先，二賊以藤牌鳥槍翼之，直犯林有才營……五月，兵備道洪毓琛派千總龔朝俊帶屯兵番五百名，從九品陸晉帶勇二百名護餉來援。晉令鄉勇分帶餉銀於身上，眾盡生心。初五日，至安溪寮，遇賊猝至，晉為其下所殺。朝俊且戰且行，斂眾篢營於安溪寮。初七日，賊乘勝攻大營，官軍大潰，軍裝盡失，澎湖把總周允魁戰死。朝俊分軍應援，遇林鎮於荒野，僅有二卒，乃相與退守安溪寮。初九日，移駐鹽水港，收拾潰眾。」

　　上述戰事時間，從四月七日至五月九日的整整一個多月，我的家鄉後壁安溪寮烽火連天，造成許多百姓身家財產的損失。這一段

治安史，我特別附錄下來，以對照我先祖的當時處境，應是有特殊
意義的歷史主題。（2015.12.20）

下茄苳與劉却的起事考

　　現今臺南市後壁區下茄苳的地方社區發展，根據 1696 年（康熙 35 年刊）高拱乾編纂、1710 年（康熙 49 年刊）周元文增修《臺灣府志》〈卷二〉「規制志」坊里的文獻記載，諸羅縣下轄里 4、莊 14、社 40，這莊 14 就包括了下茄苳莊；同時，〈卷二〉「規制志」保甲的文獻記載，下茄苳莊有 11 甲。〈卷四〉「武備志」水陸營制的文獻記載，臺灣北路營經制額設分防下茄苳汛，千把一員、步戰守兵 85 名。

　　1716 年（康熙 55 年刊）周鍾瑄主修《諸羅縣志》〈卷之二〉「規制志」坊里的文獻記載，縣屬轄 4 里、保 9、庄 9（里、保、庄皆漢人所居）、社 95，這庄 9 就包括了下茄苳庄；街市的文獻記載，就有下茄苳街在下茄苳庄；〈卷之七〉「兵防志」陸路防汛的文獻記載，諸羅縣下茄苳，縣治由大路往郡至此三十里，南至茅港尾道里各半。西出外九庄，東聯哆囉國；地方遼闊，為適中之地。輪防北路營把總一員，目兵八十五名。

　　上述《臺灣府志》與《諸羅縣志》對清代時期下茄苳的記載，有關臭祐庄管事劉却事件，根據《諸羅縣志》〈卷之十二〉「雜記志」災祥（崔苻附）的文獻記載：「四十年（1701 年）冬十二月，劉却作亂，伏誅。却，臭祐庄（乃指後之下茄苳南堡頂秀祐及下秀祐，今臺南市白河區秀祐里）管事，拳棒自負；日往來無賴惡少，歃血為盟。久之，其黨有預謀不軌者，以為非，却眾莫從。嘗深夜燃樟腦，竊置却屋瓦，火上燭；召同盟者示之，曰：『劉大哥舍中

每夜紅光燭天，非常兆也！』會却家神爐無故發火，眾曰：『此不君，即帥耳！』却心動。穴地於舍，佯置田器，冶鐵為刀鎗各械，約日舉事。臘月七日，揚旗擊鼓，燬下茄苳營（下茄苳北堡下茄苳庄），散其兵；乘夜抵茅港尾（乃指後之茅港尾東堡茅港尾庄，今臺南市下營區茅港里），掠市中貨。亂民及諸番乘機四出劫掠，破家者甚眾。却退屯急水溪，北路參將白道隆整眾禦之，鎮、道兩標並發兵應援。越五日，官兵大集，戰於急水，却大潰；殺賊甚眾，生擒其黨陳華、何正等。却走匿山藪，常畫伏夜出。四十二年（1703年）春二月，擒獲於笨港之秀才庄（乃後之大槺榔東頂堡北港街附近）。師還，斬却於市；並其長子杖殺之，妻孥皆發配。」

　　檢視 1701 年劉却在諸羅縣臭祐庄起事，到了 1723 至 1735 雍正年間設廳，當時鹽水港廳管轄下茄苳南堡、下茄苳北堡及自鬚公潭之白沙墩庄。臭祐庄即是在後來的隸屬下茄苳南堡，而我對照我現今後壁安溪寮陳氏家系地址，到我曾祖父（1860~1902）這一代的文獻資料，還明確記載鹽水港廳下茄苳南堡安溪寮。這凸顯劉却起事的所在地，和其所擴及的地方，正是就位在我的故鄉臺南市後壁區和白河區一帶。（2015.12.25）

下茄苳堡張丙與沈知起事的反思

　　我在我的《臺灣治安史研究》略述：張丙，祖籍福建漳州南靖人（閩人？），移籍住嘉義店仔口（當屬下茄苳南堡，今白河區），以販魚為生。1832 年（清道光 12 年）當夏 9 月，下茄苳南堡地區發生稻作歉收的旱災，政府下令各庄所產稻米不得擅自越區買賣。

　　居民陳王癸仍在店仔口私自集購了稻米數百石，並請託生員吳贊予以特權庇護，運出庄外獲利，但途中為吳房、詹通所搶。然而，吳贊卻指控張丙通盜，實為首謀。知縣邵用之受賄欲逮捕張丙歸案，張丙怪知縣不治違法運米的出境者，卻只專治強行奪米的行為者，於是揚言欲擄吳贊，張丙事件的近因實源於此。

　　10 月，有位住在嘉義北崙仔莊（新港？），名叫陳辦的人，因其族人偷摘張阿凜（粵人？）的芋田作物，遭致張阿凜的侮辱。該族人憤而請求陳辦出面，並毀損了張阿凜的芋田，導致張阿凜的激烈報復，不但率眾焚燬陳辦的宅地，而且還牽走其家的牛隻。

　　對此，陳辦透過張丙的協助，結合以詹通為首，呼應百人前來襲擊張阿凜位在雙溪口（朴子？粵庄？周拱乾纂修之《臺灣府志》附「臺灣府總圖」，有雙溪口，在牛稠溪入海附近）的住宅，不成，反為所傷。此事實難定位是所謂的閩粵族群集體械鬥，惟時臺灣鎮總兵劉廷斌在北巡之途，展開追擊張丙、陳辦之黨。

　　張丙、陳辦集團即以八掌溪沿岸的茄苳為其最初根據地，進而襲擊鹽水港堡，劫掠附近諸庄，知縣邵用之派兵圍剿失敗，被殺；知府呂志恆率營兵及鄉勇往援，亦遇害。其後，張丙自稱「開國大

元帥」，年號「天運」，以「殺戮穢官」為名，嘯聚黨類，各庄的居民皆出銀領其旗以自保，張丙集團在攻破鹽水港之後，進軍圍攻嘉義縣城，臺灣總兵劉廷斌得武生王得蟠募義勇來援，城內得為固守。

適時南路鳳山縣民許成（閩人？）聚眾起事於觀音里角宿庄，亦用「天運」年號，以滅粵民為詞，並阻擋運往府治之米，進逼鳳山縣城。臺灣知府王衍慶遂命調鳳山粵庄義民舉兵，粵庄以監生李受之為首，惟藉許成有「滅粵」之舉，遂以自保為由，劫掠閩庄，原義勇變為「粵匪」，導致閩粵族群械鬥。

此後，張丙結合北路彰化縣民黃城，起事於嘉、彰交界的林圯埔（沙連堡），黃城自稱「興漢大元帥」，陷斗六門。11 月，福建陸路提督馬濟勝領兵 2 千抵鹿耳門入府城，再入駐嘉義縣城。12 月，逮捕張丙、黃城等人，北路平定之後，旋赴鳳山擒拿許成，南路亦被平定。然而，張丙事件後 4 年，也就是 1836 年（道光 16 年），還發生有嘉義縣民沈知等人，焚劫下茄苳庄（下茄苳北堡）。清政府命權任分巡臺灣兵備道周凱、臺灣鎮總兵達洪阿率兵平定。

檢討張丙事件，閩浙總督程祖洛專程來臺處理，不論是板橋林平侯的曾向其慨言，當時的臺灣治安情況，主要出自吏治頑梗，多由於官不執法，幕不守法，因而愚民犯法，書吏弄法，棍徒玩法；或是周凱在〈記臺灣張丙之亂〉的直怪閩粵族群對立。我們要反思的是張丙與沈知起事的時間與地點，和受創最嚴重的該屬下茄苳堡的居民，而這時間點也正是我的玄祖（1800~1882）、高祖（1827~1894）生活在下茄苳堡時期。（2015.12.29）

店仔口吳志高與白水溪教案事件

　　店仔口位在中央山脈與嘉南平原交接區的入山處，因其所建立店舖而得名。清治時期店仔口隸屬下茄苳南堡，又因其位於急水溪上游的白水溪畔，而有「白河」之稱，現屬臺南市白河區。

　　甘為霖（Rev. William Campbell）在《素描福爾摩沙——甘為霖臺灣筆記》提到，他們一行人在早上從頭社（今臺南市大內區頭社里）出發，當天晚上抵達白水溪。他們在途中所經過的四個市鎮，都舉辦了很好的露天集會。他們在店仔口停留了最久，在那裡，見到了吳志高（1826~1880）的住宅。吳志高非常富裕，是個半官半盜的地方領袖，他憑靠著個人強勢的性格，以及部下對鄰近村落和農家不斷掠奪，才獲得現在的權勢。

　　甘為霖又提到，吳志高相當反對臺灣府那些有影響力的外國傳教士，到店仔口東邊的村落做定期的宣教。因為他擔心，中國政府有一天可能會對他採取強烈的措施，屆時他唯有撤退到東邊偏遠山區一途，因此，對於會阻礙他撤退的事物，都抱持強烈的反對態度。

　　至於在那個撤退方向上所建的外國教會，它對當地居民所產生的良好影響，對他來說已是忍無可忍了，更何況他還無法加以控制。（中略）吳志高也告訴我們幾個弟兄，不准新建教堂。他說這會影響到他預留給自己做墓的那塊地的風水，希望大家不要在這個地方建教堂。

　　換言之，因為信仰不同和溝通不良所引發，1875 年吳志高在店仔口白水溪教會襲擊甘為霖的事件，雖經嘉義知縣和英國領事的

調停，逮捕 4 名兇手逞罪、官府代賠 100 元、頒告示要民眾善待基督徒。1878 年初白水溪教堂再度遭縱火，也可能是吳志高幕後主使，不過在地方官員忌憚或掩飾下，都以查無實據結案。乃至於民間有戲謔：「火燒白水溪，起岩前來賠（以建岩前教會賠償）」。

　　檢討店仔口吳志高的白水溪教案事件，若回溯 1862 年（同治元年），戴萬生亂起，率眾進紮店仔口，此時吳志高就已投入林向榮所屬官軍。林向榮兵敗自殉，吳志高回店仔口，待水師提督吳鴻源來剿，吳志高又隨其官軍入嘉義，解開重圍。1865 年（同治 4年）戴萬生舊部嚴辦復作亂，吳志高又隨臺澎兵備道丁日健征討。吳志高因有功於朝廷，曾獲賞斗六都司的虛銜。吳志高衣錦還鄉，還在巷仔口林厝新築都司府，並修復店仔口文祠，創立玉山書院。

　　對照甘為霖牧師與清政府對吳志高的不同評價，正代表著吳志高從 1826 年出生，到 1880 年過世的 54 年歲月的人生，有其不同的社會面向和歷史意義。就 1875 年和 1878 年的白水溪教會的兩度受到襲擊事件，這時候也正是我曾祖父（1860~1902）青少年階段在下茄苳堡，與我高祖和玄祖共同生活的一段時期。（2015.12.30）

安溪寮陂、嘉南大圳、白河水庫

　　近日研讀有關家鄉「下茄苳堡」的開發歷史，其中水利，1717年周鍾瑄主修脫稿的《諸羅縣志》〈水利〉載：「凡築堤瀦水灌田，為之陂；或決山泉，或導溪流，遠者數十里，近亦數里。不用築堤，疏鑿溪泉引以灌田，為之圳；遠者七、八里，近亦三、四里。」

　　我特別注意附載於末已開發重要陂的名稱，其中列有：楓仔林陂【在下茄苳庄東。源由白水溪出。康熙五十四年，庄民合築。】、烏樹林陂【源由白水溪分流，長可二十餘里；灌本庄大排竹、臭祐庄、客庄、本協、下茄苳等庄。康熙五十四年，知縣周鍾瑄捐穀一百石，另發倉粟借庄民合築。】、安溪寮陂【源由白水溪分流，長可十餘里；灌本庄塗庫仔、後鎮、上帝廟、竹圍後等庄。康熙三十八年，庄民合築。】、王公廟陂【在下茄苳東南。源由白水溪分流。康熙五十四年，庄民合築。】、新營等庄陂【源由白水溪分流，長可三十里許；灌本庄太子宮、舊營、茄苳腳等庄。康熙五十四年，知縣周鍾瑄捐穀一百石助庄民合築。】。

　　上引《諸羅縣志》〈水利〉所列出的楓仔林陂、烏樹林陂、安溪寮陂、王公廟陂、新營等庄陂，其中完築時間以安溪寮陂的康熙三十八年為最早。該陂源由白水溪，是急水溪的上游，發源於白河鎮阿里山山脈關子嶺南寮東方。安溪寮陂當是早期安溪寮林家開墾之地，也就是尚待證實 1895 年由北白川宮能久親王所率領軍隊，從攻陷嘉義前往臺南府城的掃除抗日武力途中，在安溪寮遭到翁玉丕的刺殺，受重傷而匿避於現今的芙蓉埤附近。

　　清治時代 18、19 世紀的安溪寮陂，日治時代 1930 年的嘉南大圳，以及國民黨時代 1965 年的白河水庫，不但分別孕育了我家鄉下茄苳堡安溪寮的農業經濟發展，也都留下：安溪寮陂是現今的芙蓉埤有我的垂釣趣味，嘉南大圳幹線、支線和分線的灌溉渠道有我的游泳和夜間等待排水供應的滋味，白河水庫有我騎腳踏車旅遊的回憶。（2016.01.24）

嘉南平原大地震話白河記憶

藉此，首先要對昨（6）日遭遇南臺大地震傷亡和家屬表示哀悼和慰問，並謹向這次參與救災的人員表示崇高敬意。特別是在大家忙於送舊迎新的過年時節，看到許多災難家庭的面臨人間生離死別情景，着實令人與之同悲。另外，受到高鐵交通部分中斷，也使得許多平日在外為生活打拼，帶著家眷和拖著大小行李，急於返鄉的遊子困於車站，也勾起若往長年遊子的我的心緒，從電視上看到他們滯留車站，心急如焚眼神的畫面，更令人同感有家歸不得的苦楚辛酸。

猶記得 1964 年 1 月 18 日晚上近 9 點的時候，同樣發生在嘉南平原的白河大地震（或稱 118 嘉南大地震），當時我唸初中一年級，正準備著學校期末考試。天氣冷的關係，我正縮坐在床上裹著棉被看書，突然間天搖地動，把我們家裡的人都嚇壞了，我們一直聽到大人的喊叫聲，可是卻不知如何是好，也都不敢往外跑，只是呆在原位置，等到地震停止下來，才敢跑出屋外。上天保佑，我們家全員平安，只有部分房屋的牆壁受到搖晃而些微脫落。

我們怕地震再來，不敢進入屋內睡覺，庭院冬天深夜的冷風吹來，真刺骨難過。好不容易挨到天亮，不幸的消息陸續從我們家鄰近的白河、東山傳來，在昨夜的地震中已經有許多的房屋倒塌和人員傷亡，包括白河關子嶺溫泉的改道，和在 1906 年受損於嘉義梅山大地震，重新興蓋的東山碧軒寺，亦難逃過此大劫難的又完全倒塌。（2016.02.07）

林獻堂與黃朝琴的家族史

　　過年期間 TVBS 播出李崗導演的《阿罩霧風雲》（上下兩集），描述霧峰林家在歷經清代、日治和中華民國政府的三種不同政權更迭，道盡了一個家族史的辛酸血淚，也是一部描述漢族人飄洋過海來臺的移民開拓史。檢視霧峰林家的發展史，面對的臺灣原住民族、滿族的大清帝國、大和民族的日本殖民，以及國共兩黨的爭權戰爭，除了彰顯霧峰林氏家族的盛衰與無奈之外，更加凸顯臺灣是一個不連續歷史文化，和是一個沒有共同記憶的多元社會。

　　透過觀看《阿罩霧風雲》，理解臺灣一直始終存在的「國家認同」紛擾。《阿罩霧風雲》對於我這位 1950 年代出生於臺南鄉下的小孩而言，我相對於臺南出身的黃朝琴是比較熟悉的。因為，我小時候看過黃朝琴競選臺灣省議員的宣傳單，也知道他是臺南鹽水人，我還聽過先父生前提起，黃朝琴的曾祖母姓呂，是我們後壁鄉人，她過世後埋葬的地點就在我老家安溪寮鄰近的白沙屯。至於我對於林獻堂的了解，以及他和黃朝琴為 1946 年省參議長之爭的情事，則是一直是要等到 1970 年代，我北上唸大學以後的事了。

　　看過 TVBS 播完《阿罩霧風雲》之後，我的感想是：以民間的財力和條件要拍照這部紀錄片，已經不容易了。如果要求更好的話，公視、文化部可以合力採取日本 NHK 拍製年度大戲的模式，來完成拍製霧峰林家移民來臺的盛衰史，或許可以避免這次《阿罩霧風雲》的拍照簡陋，亦可以比多年前電視劇《百年滄海》，和舞臺劇

《霧裏的女人》，更能完整地介紹霧峰林家與臺灣政經結構的歷史變遷。（2016.02.13）

《KANO》與「噍吧哖事件」

2月6日發生的南臺大地震，在政府與人民的通力合作的全力救災之下，初步已告一段落。在這期間出現了許多令人感動的故事和畫面，許多民眾充分發揮人飢己飢、人溺己溺的精神，尤其在搶救受災者的性命和捐款的過程中，更表露無遺。

我們也看到一些日本「311大地震」的受災戶，有感於臺灣人對其情深義重，所以，在這次南臺大地震也紛紛回報，展現了人類愛與世間情的本性。

在魏德聖監製棒球《KANO》電影中，飾演鐵血教練近藤兵太郎的日本男星永瀨正敏，據報載2月19日當他在臺灣觀光節大會獲頒「觀光貢獻獎」時，感性地說：「311日本大地震，日人深感臺灣情深義重。」還說：「要去臺南弔念地震死難者。」

永瀨正敏在《KANO》電影飾演教練的帶領嘉義農林學校（嘉農）棒球隊，正是讓這支由日本人、（本島人）臺灣人、原住民組成的棒球隊，展現各個族群發揮所長的冠軍團隊。

在一篇〈KANO精神是臺灣的驕傲——李登輝與魏德聖的對談〉中，魏德聖覺得「原住民應該也不希望被廉價的同情眼光看待」。所以，魏德聖覺得「應該要描寫原住民不為人知、令人尊敬的歷史，於是決定將這段歷史拍成電影。霧社事件的起因是日本警察毆打原住民青年，這是文化上的差異和摩擦的問題，也是日本人與臺灣人兩個不同民族性（ethnicity）的對立。」

　　魏德聖導演《海角七號》、《賽德克·巴萊》（霧社事件）和《KANO》（嘉農）等日治臺灣時期的歷史性電影，電影內容也多少影射日本政府與日本人民的不同看待臺灣關係與態度。

　　魏德聖在這篇對談中也表示，他認為拍攝有關八田與一的電影，還存在有他不能處理的，只好放棄。我認為以他拍攝《賽德克·巴萊》（霧社事件）的成功經驗，和其出生於臺南的背景，我建議他可以嘗試先拍攝一部，同是發生於日治時期的有關「噍吧哖事件」電影。

　　1915年發生於臺南玉井的「噍吧哖事件」（又稱西來庵事件），這事件的起因，與在闡釋國家（state）與社會（society）的複雜關係上，亦能凸顯殖民政府（政權、警察）是如何的對待臺灣人民（民間社會）。

　　或許日本政府與日本民間有可能出現不同的立場和態度，就如同日本政府與日本民間對於臺灣慰安婦的立場與態度有可能不同，但是我們還是期待能如同這次南臺大地震的震出人類愛與世間情的本性來。（2016.02.21）

下茄苳泰安宮與吳志高的卒年考

　　我對下茄苳泰安宮的媽祖祭祀的記憶，主要是除了小時候隨著先父前往祭拜的印象之外，較為深刻的是泰安宮媽祖於 1993 年至 1995 年的連續三年元宵節，都上臺北來參加觀光局舉辦的臺北國際燈會，泰安宮特別在中正紀念堂前的朝向杭州南路方向搭建主壇，當時參加的人潮湧現，信眾虔誠焚香祭拜，我也因工作地點在臺北，和後壁鄉旅北同鄉會的聯繫，所以「泰安媽」的上臺北來，每次我也都能幸運躬逢其盛。

　　我最近一次的造訪泰安宮，是於 2012 年 3 月 31 日的與家人利用返鄉之便，讓我有機會再回到泰安宮做實地田野調查，並蒐集了一些資料攜回臺北。其中有一份是後壁鄉下茄苳泰安宮和旌忠廟印行的簡介（DM），至今我都一直與北港朝天宮、新港奉天宮、天津媽祖廟、上海天妃宮、寧波慶安會館（宮）的訪查資料，一起放在書櫃保存著。

　　今天正是農曆 15 日的元宵節，我例行整理剪報資料的時候，偶然翻閱到這份有關泰安宮和旌忠廟印行的簡介。我看到其中的這一段：「同治 11 年（西元 1872 年）設醮公告碑文上已載有泰安宮轄內三十六庄輪流主普，天上聖母靈赫應驗、澤被黎民百姓。光緒九年（西元 1882 年）白河外角里吳志高（號吳大老）主倡獻金重建；其後民前六年（西元 1906 年）本庄廖炭發起重修；民國三十六年（西元 1947 年）委員長阮謙、副委員長陳祥、顧問黃添成等發起境民募款修建。」

我仔細檢視了簡介的這段話，發現有兩個地方覺得很有意思，其一：「光緒九年（西元 1882 年）白河外角里吳志高（號吳大老）主倡獻金重建」。對照我在《拙耕園瑣記之 206》〈店仔口吳志高與白水溪教案事件〉一文中曾提到：「吳志高從 1826 年出生，到1880 年過世的 54 年歲月的人生，有其不同的社會面向和歷史意義。」如果吳志高 1880 年就已經過世的時間是正確，那麼簡介上所提的1882 年時間顯然有待商榷？吳志高怎麼會在死後還主倡獻金重建？

其二：「民國三十六年（西元 1947 年）委員長阮謙、副委員長陳祥、顧問黃添成等發起境民募款修建。」這裡簡介所指的副委員長陳祥，正巧與我們家高祖陳祥同名同姓，只是我考證我們家高祖的生卒年是 1827~1894，顯然這位副委員長陳祥應該不會是我們陳家的高祖？

回溯多年前，由後壁鄉旅北同鄉會林財于等人發起的「財團法人泰安旌忠文教公益基金會」，1993 年正式奉政府核定成立，林財于榮任第一屆董事會董事長，其中有位以歷史學者、專攻「媽祖學」的蔡相煇教授亦名列董事。我無法確認這份簡介的撰寫，是否完成於我的好友林財于和蔡相煇等執事時期。

我感到最奇妙的，為什麼會發生在今天的元宵節，引領我寫出這篇考證文，自己也實在說不出一個道理來。或許是俗話說的「有心栽花花不開，無心插柳柳成蔭。」也或許是年歲越長，越相信自己命運的這檔事了。（2016.02.22）

讀《臺南縣志》筆記（一）

臺南縣文獻委員會於民國 41 年 11 月 12 日成立，縣長高文瑞主持修志，並聘請洪波浪、陳正祥、石暘睢、吳新榮等任編纂。縣志自 41 年 11 月著手纂修，46 年 8 月起陸續陸續付印，迄 49 年 5 月全稿完成，計卷首、卷一自然志、卷二人民志、卷三政制志上中、卷四政制志下、卷五經濟志、卷六文化志、卷七教育志、卷八人物志、卷九雜志，卷十附錄、索引。印為平裝 13 冊，此即《臺南縣志稿》。其記事斷限於民國 40 年。

民國 64 年，臺南縣政府決議續修縣志，記事起自 41 年至 64 年，僅完成卷一人民志人口、氏族篇；卷四教育志、卷六人物志、卷七雜志等，此即《續修臺南縣志》。民國 69 年 6 月，以續修縣志尚未完成，舊有《志稿》又無存書，乃將《志稿》影印，訂為精裝 5 冊，更名為《臺南縣志》，內容並無修正。由成文出版公司印行，列為中國方志叢書臺灣地區第七八號。

《臺南縣志稿》時期有胡龍寶、陳華宗、高文瑞、薛人仰、黃朝琴、吳三連、劉明朝等人作序。民國 69 年重刊《臺南縣志》則由當時擔任縣長的楊寶發謹序。（2016.03.08）

讀《臺南縣志》筆記（二）

　　為5月間的論壇發表會，撰寫一篇〈臺南市後壁區在地特色型本土資源的分析〉，特別翻閱拍攝《臺南縣志》的臺南輿圖。這輿圖是吳新榮與盧嘉興二人共同署名完成。

　　第一張圖：臺南縣荷據時期輿圖，尚未出現有關任何與後壁區安溪寮有關的地名。第二張圖：臺南縣明鄭時期輿圖，在天興縣出現本協。

　　第三張圖：臺南縣清朝康熙時期輿圖，在諸羅縣出現下茄苳庄的下茄苳。

　　第四張圖：臺南縣清朝雍正時期輿圖，在諸羅縣出現下茄苳南保、下茄苳北保。在下茄苳北保出現下茄苳、大排竹街。

　　第五張圖：臺南縣清朝乾隆時期輿圖，在嘉義縣出現下茄苳南保、下茄苳北保。在下茄苳北保出現下茄苳、大排竹街。

　　第六張圖：臺南縣清朝道光時期輿圖，在嘉義縣出現下茄苳南堡、下茄苳北堡。在下茄苳北堡出現下茄苳街、大排竹街。

　　第七張圖：臺南縣清朝光緒時期輿圖，在嘉義縣出現下茄苳南堡、下茄苳北堡。在下茄苳北堡出現下茄苳、大排竹。

　　第八張圖：臺南縣日據臺南縣時期輿圖，在臺南縣出現下茄苳南堡、下茄苳北堡。在下茄苳北堡除了出現下茄苳街、大排竹街之外，已出現許多新地名。安溪寮、烏樹林已出現在下茄苳南堡。

　　第九張圖：臺南縣日據臺南廳時期輿圖，在嘉義廳出現下茄苳南堡、下茄苳北堡。安溪寮、烏樹林出現在下茄苳南堡。

　　第十張圖：臺南縣日據臺南州時期輿圖，在臺南州已併下茄苳
南堡、下茄苳北堡

　　為新營郡後壁庄。安溪寮、烏樹林出現在新營郡後壁庄。

　　第十一張圖：臺南縣光復初期輿圖，安溪寮、烏樹林出現在新
營區後壁鄉。

　　第十二張圖：臺南縣現在（補註：民國 40 年）輿圖，安溪寮、
烏樹林在新營區後壁鄉。

　　補註：從這 12 張圖，現今的臺南市後壁區安溪寮的地名出現
於第八張地圖，時間是在臺南縣日據臺南縣時期輿圖，位屬下茄苳
南堡。據此推測，安溪寮居民入住的時間大約是在 1850 年（清道
光 30 年，道光皇帝在位最後 1 年）前後。道光皇帝後，歷經咸豐
皇帝 11 年、同治皇帝 13 年，1875 年光緒皇帝登基。

　　1895 年日本統治臺灣，原嘉義縣下茄苳南堡的安溪寮、烏樹
林，歸屬臺南縣。1901 年（日本明治 34 年）廢縣置廳，劃臺南縣
為嘉義、鹽水港、臺南、蕃薯寮、鳳山、阿猴等六廳。鹽水港廳下
轄安溪寮等 29 庄。1909 年（明治 42 年）廢鹽水廳，併入嘉義廳。
1920 年行政區劃分 5 州 2 廳 3 市 47 郡，安溪寮、烏樹林歸屬新營
郡後壁庄。也間接顯示安溪寮庄從日治時期開始包括土名頂寮（安）、
中寮（長安）、下寮（福安）的三個村莊。（2016.03.14）

讀《臺南縣志》筆記（三）

　　《臺南縣志》〈卷一〉第三篇第三章第一節地名起源的內容甲，特別指出，非漢語地名起源，一、平埔語地名的其中（3）浩安雅族古地名，其內容我將原文抄錄如下：「浩安雅又作洪雅，可能閩南音『番仔』之訛。本族佔據本縣東北部山麓，即今東山鄉，及北至嘉雲兩縣。本族的本據以嘉義為中心，……本縣該族僅剩一番社哆咯嘓社（東山）而已。荷人稱為 Drcko，漢人入墾後改為哆咯嘓庄，後成為哆咯嘓街，日據時改為『番社』庄，光復後改為『東山鄉』，哆咯嘓又作倒哆咯國，倒咯國，倒囉國，續修臺灣府志有『新舊各庄』的紀錄，日據初期有『哆囉嘓東西堡』的紀錄。該地漢人的開發甚早，康熙 23 年的《福建通志》已有紀錄，入墾者粵族為主，所以有『大客庄』之稱。」（頁 99）

　　「康熙八年初期漢人入墾哆囉嘓莊，乾隆年間稱哆囉嘓街，至清朝中葉，哆囉嘓分為東頂堡、東下堡、西堡。而哆囉嘓街，改為番社街。日據時期改為番社庄，光復後改為東山鄉，因該鄉位在本縣東方山地，而且住民指導者多為陳姓。」（頁 112）補註：東山有粵族「大客庄」，從我太太的外公邱秋貴，印證他祖籍地來自廣東梅縣，可是我岳母並不（會）講客語。邱秋貴育有 5 男 5 女，我岳母排行最小，岳母的大姊、二姊同是嫁入後壁安溪寮林家，岳母則嫁入後壁新港東徐家，徐家祖籍來自漳州長泰縣的粵族，但我岳父並不（會）講客語；而我岳父的母親，也就是我太太的阿嬤，則

是從安溪寮林家嫁入徐家。這段姻親關係雖有點複雜，但也凸顯東山「大客庄」粵族與後壁安溪寮閩族融合的文化軼事。（2016.03.17）

讀《臺南縣志》筆記（四）

　　《臺南縣志》〈卷一〉第三篇第三章第二節地名沿革的內容戊、新營區五、後壁鄉，其記述內容如下：「在明鄭時期就有下茄苳東上茄苳東地名，後統稱為「下茄苳庄」，再後靠八掌溪邊為下茄苳北保，靠急水溪邊為下茄苳南保。日據時期置庄於後壁寮，故名，光復後改庄為鄉。1.下茄苳：今分為後壁村及嘉苳村，自清初就有下茄苳街之名，設汛置千總一員，步戰守兵八十五名，本鄉漢人最早開墾之地。2.上茄苳：今分嘉田村及嘉民村，自鄭氏時就有上茄苳地名，但發達較遲。3.後壁寮：今侯伯村，鄉所在地，得交通之利。4.菁寮：今分菁豐、崁頂、後部、菁寮、墨林等村，昔時為東菁之產地。5.長短樹：今分頂長村（頂長短樹）、仕安村（下長短樹）。6.安溪寮：今分長安村（中寮）、頂安村（頂寮）、福安村（下寮），閩屬安溪縣人之開墾地，日據初期相當繁榮。7.本協：今嘉苳里，鄭氏設鎮之地。」（頁112）

　　補註：上述文指出，「下茄苳：今分為後壁村及嘉苳村，自清初就有下茄苳街之名，設汛置千總一員，步戰守兵八十五名，本鄉漢人最早開墾之地。」接著又指出，「安溪寮：今分長安村（中寮）、頂安村（頂寮）、福安村（下寮），閩屬安溪縣人之開墾地，日據初期相當繁榮。」

　　我校對《臺南縣志》〈卷二〉第五篇第二章第四節臺南縣廟宇及主神，稱：嘉苳村泰安宮主神天上聖母創建時期乾隆四四年、旌

忠廟主神岳元帥創建時期乾隆五六年,長安村福安福主神清水祖師創建時期乾隆三十年。（頁 127）

按:廟宇創建時期,安溪寮長安村福安福創建時期乾隆三十年,要比下茄苳嘉苳村泰安宮創建時期乾隆四四年來得早 14 年。

再按:安溪寮為閩屬安溪縣人之開墾地,而福安福創建時期乾隆三十年,那我們陳家落居安溪寮有可能更早之前我所推測的 1850 年（清道光 30 年）。又據臺南縣志》〈卷三〉第四篇第二章第四節清朝時期本縣土地開墾沿革指出,下茄苳南、北堡大部與太子宮鐵線橋堡同一沿革,於鄭氏創業當時開墾（頁 107）。依此,安溪寮開墾亦有能始於鄭氏 1662 年的開始統治臺灣時期。

三按:清水祖師（祖師公,顯應祖師,照應祖師,三代（公）祖師,蓬萊太祖,普庵祖師,三坪祖師）,乃福建泉州府安溪縣人最尊敬之神。師法號普足,本福建省永春縣小姑鄉人,姓陳名應,自幼出家為僧,修行得道,明萬曆時代,為大旱魃祈雨,靈驗顯著,在泉州府彭內鄉初祀,後來分身各地奉祀。各地廟宇奉祀祖師神像,有,金面、文面、黑面、赤面,原係清水祖師,因遭遇而改變形相。俗謂:黑面乃清水祖師,金面或文面乃三代（公）祖師,赤面乃顯應祖師（頁 141-142）。

四按:現今後壁鄉（區）安溪寮長安村（里）福安宮乃黑面清水祖師。（2016.03.24）

讀《臺南縣志》筆記（五）

　　《臺南縣志》〈卷二〉第二篇第二章第一節乙、保甲制度如下：
「清廷於乾隆十二年詔令各府縣，廢丁銀改就田園勻配，由是戶口
編審之制漸微，保甲制度遂代之而起，爾後戶口乃建立在保甲制度
之基礎上。……清朝保甲制度當推康熙九年所頒佈之聖諭十六條中
『聯保甲，以弭盜賊』為嚆始。乾隆二十九年頒行大清會典：凡保
甲之法，戶給印單，書其姓名習業，出註所往，入稽所來，十戶為
牌，立牌長；十牌為甲，立甲長；十甲為保，立保長；自城市達於
村鄉，使相董率，遵約法，察姦宄，勸嬾行，善則相共，辜則相及，
以安保息之政。」

　　「在臺灣因明鄭時代，寓兵於農，施行營盤之制，故無保甲之
設。但從相傳寧靖王於南路長治里設立墾田，區劃一圖二圖等史蹟
觀之，其跡與保甲制度相仿。歸清之初，百事草創，地方行政機構
亟待整備，無遑顧及保甲。康熙末年，朱一貴之亂後，民心熊熊不
安，殘徒出沒無常，為籌劃善後，藍鼎元先後上書閩浙總督等，要
請在臺灣設立地方自治機構，並實施保甲制度。雍正十一年遂下詔
准將曩日親頒聖諭十六章，在臺灣頒布施行，並許在臺灣實施保甲
制度。當時之制度係依據聖諭，故與直隸各府縣所實施者大致相同。
乾隆帝求治心切，百事待興，乃飭刑部頒布條例，厲行保甲制度。」
（頁113）

　　補註：文中「康熙末年，朱一貴之亂後，民心熊熊不安，殘徒
出沒無常，為籌劃善後，藍鼎元先後上書閩浙總督等，要請在臺灣

設立地方自治機構,並實施保甲制度。雍正十一年遂下詔准將曩日親頒聖諭十六章,在臺灣頒布施行,並許在臺灣實施保甲制度。」。

一按:雍正十一年是西元 1733 年,我查考我家曾祖父是生於清咸豐 10 年(1860),卒於日明治 35 年(1902),他在日治時期的戶籍資料上登載有「甲長」一職。只是我現在尚無法證實曾祖父的擔任「甲長」是始清治或日治時期。

二按:如果以 1895 年日本治臺開始的時間計算,曾祖父當時是 35 歲;時間再往前查考我高祖是生於清道光 7 年(1827),卒於清光緒 20 年(1894),也就是日本治臺的前一年;時間再往前查考我玄祖生年不詳,卒於清光緒 8 年(1882)。

三按:如此一來,我們落籍於後壁區頂安里的家道,有可能是在玄祖的年代開啟,並在高祖的年代奠定了基業。

四按:朱一貴「先逃東北方大目降(新化),兵敗北走灣裡溪(曾文溪)、茅港尾(下營區茅港里),過鐵線橋(新營區鐵線里),抵鹽水港(鹽水區),夜遁下茄苳(後壁區後壁里),絕食月眉潭(嘉義新港鄉月眉村、月潭村一帶),只剩不到千人隨行。北面也有官兵圍堵,陽曆 7 月 31 日(陰曆閏 6 月初 7)回頭南走溝尾莊(今太保鄉太保村(溝尾)、後庄村(後溝尾)一帶),被楊旭、楊雄兄弟誘到家中,端出好酒、好菜款待、當場灌醉,然後暗地通報官兵及附近 6 村鄉壯,擒獻官府。朱一貴 1722 年 3 月底判刑、處死。1721 年 10 月中旬投降的杜君英、杜省三等首犯,也都送到北京,斬首示眾。朱一貴逃亡路線,依據藍鼎元,〈擒賊朱一貴等遂平南北路露布〉,《重修鳳山縣志》,頁 358-359。(2016.03.30)

讀《臺南縣志》筆記（六）

　　《臺南縣志》〈卷三〉第三篇選政第一章概說：「據傳明季漢民大批跨海來臺移住部落，係屬封建組織之村落長老統制。至荷據時期，荷人對於漢人村莊及土著聚落（蕃社）並未任用官吏直接統治，係參照舊慣，選派漢人長老，並透過『結首制』地政組織及土人民會組織，傳達官署命令，督導境內自治工作。每年四、五月例在赤崁開全臺長老會議（landldagen or Diets），聽取長老報告自治工作，獎賞優良長老及更派長老人選等。為此時村落長老皆係出諸荷蘭統治者選派，自無選舉可言。」（頁1）

　　「清朝下級行政，……分置總簽首、簽首、總理、街庄正等，均分別由各該區內紳董、耆老等協議連署推薦，經知縣（總簽首經知府）核可就職，治理區內民事、戶籍、保安及諸般自治事務。此種推舉核可制度，與現代公開競選制度究竟不同，自不能相提並論。為當時政府對基層行政多採放任態度，故基層之自治成分甚為濃厚，基層組織之自治基礎，乃逐漸茁長。」（頁1）

　　「日人佔據臺灣後，……明令規定街庄長須受辦務署長之指揮命令，街庄長之任免權亦操諸辦務署長，於是清朝時期開始苗芽之基層自治組織雛型，遂為日人所摧毀。民國九年總督田健治郎……公告……。州、市、街庄均分別設置協議會，……但協議會員由臺灣總督及州知事任命……自乏代議機構性質，……。民國二十四年……明定州、市、街庄為法人，於法令範圍內處理其公共事務，

此次地方制度之改革，可為日人以賦予臺胞之一半自治權。」（頁1~2）

「民國三十四年八月，……中央政府特設臺灣省行政長官公署，……全省於三十五年一月二十五日自公民宣示登記開始，繼以公職候選人檢覈，選舉區鄉鎮民代表，成立鄉鎮民代表會；選舉縣市參議員，成立縣市參議會；選舉省參議員，如期於五月一日正式成立省參議會。臺南縣首屆參議員於三十五年三月二十四日由縣下六十五鄉鎮代表會選出，於四月十五日正式成立首屆縣參議會。……行政院於民國三十九年……頒布〈本省各縣市實施地方自治綱要〉，以為在中央〈省縣自治通則〉及省自治法未經公布之前，本省實施地方自治之依據。……光復後本省縣市參議員及鄉鎮民代表，均係採用間接選舉方法產生，……新綱要已修正縣市議會議員、鄉鎮民代表均由人民直接選舉……。本縣縣長並於四十年四月十五日舉行普選，投票結果高文瑞當選為首屆民選縣長，是為本縣有史以來，縣長公選之嚆矢。」（頁2~3）

補註：文中「至荷據時期，……，係參照舊慣，選派漢人長老，並透過『結首制』地政組織及土人民會組織，傳達官署命令，督導境內自治工作。每年四、五月例在赤崁開全臺長老會議（landldagen or Diets），聽取長老報告自治工作，獎賞優良長老及更派長老人選等。為此時村落長老皆係出諸荷蘭統治者選派，自無選舉可言。」

一按：「結首制」地政組織，荷蘭在臺灣引進歐洲農場奴隸制、巴達維亞「甲斐丹」（China Captain）勞工包辦制、中國農耕制等這三樣不同性質的制度，混合成臺灣特有的「大小結首」制。清代臺灣中、北部拓墾盛行「墾戶制」，唯有噶瑪蘭採取「結首制」。《埔里社記略》：「昔蘭（噶瑪蘭）人之法，合數十佃為一結，通

力合作，以曉事而貲多者為之首，名曰小結首。合數十小結中舉一富強有力、公正服眾者為之首，名曰大結首。」並「視其人多寡授以地，墾成眾佃公分，人得地若干甲，而結首倍之或數倍之，視其資力。」荷人有事問於大結首，大結首以是問於小結首。換言之，「結首制」既是地政組織，亦是具有地方保甲的治安功能。但有另一說法，「結」是指向政府提出申請請願書（切結書），在此切結書上署名地代表稱為「結首」，而當時多以結首分段之數，或根據其次序訂定其地名。最有名者為宜蘭縣的一結、二結、三結、四結、五結等。

　　二按：「地方會議」（landdag or diet），荷蘭藉這種集會特別著重在解釋政府法規，告誡各地代表應善待經商、打獵的漢人。1636年2月，教師尤羅伯（R. Junius）在新港召開（試辦性）地方長老會議。1641年4月11日在赤崁召開首次由臺灣長官主持的地方會議；1644年3、4月分四區舉辦，之後才制度化。（參閱：達飛聲原著，陳政三 譯註，《福爾摩沙島的過去與現在》（上冊），頁23,34）；江樹生，《熱蘭遮城日誌》冊2，頁1,247,260,380,496,510及冊3，頁6,14。）檢視參加「地方會議」的長老雖皆係出諸荷蘭統治者選派，但從權力結構而言，亦是具有地方保甲的治安功能。

　　三按：漢人長老的「長老」是否與荷鄭時期基督教稱「長老」有關係。（2016.04.01）

朱一貴夜遁下茄苳與徐朱家族考

　　近日閱讀《福爾摩沙島的過去與現在》（陳政三　譯註，達飛聲　原著，（上冊），頁 96）所引述：「朱一貴逃亡路線，依據藍鼎元，〈擒賊朱一貴等遂平南北路露布〉，《重修鳳山縣志》，頁 358-359。朱一貴先逃東北方大目降（新化），兵敗北走灣裡溪（曾文溪）、茅港尾（下營區茅港里），過鐵線橋（新營區鐵線里），抵鹽水港（鹽水區），夜遁下茄苳（後壁區後壁里），絕食月眉潭（嘉義新港鄉月眉村、月潭村一帶），只剩不到千人隨行。

　　北面也有官兵圍堵，陽曆 7 月 31 日（陰曆閏 6 月初 7）回頭南走溝尾莊（今太保鄉太保村（溝尾）、後庄村（後溝尾）一帶），被楊旭、楊雄兄弟誘到家中，端出好酒、好菜款待、當場灌醉，然後暗地通報官兵及附近 6 村鄉壯，擒獻官府。朱一貴 1722 年 3 月底判刑、處死。1721 年 10 月中旬投降的杜君英、杜省三等首犯，也都送到北京，斬首示眾。」

　　當我在閱讀到「朱一貴夜遁下茄苳」，和他本是來自「福建漳州府長泰縣」的移民時，讓我聯想起我的老丈人說過的，其話概述：他的父親徐參，他們祖籍是漳州長泰，來臺已是第十代，他們先祖極有可能與朱一貴同屬家族，原本亦姓朱，或原是朱一貴的部屬。

　　「朱一貴事件」發生之後，為了避禍，改姓徐，傳至徐參的下一代時，已是清朝將臺灣割讓給日本的初期，他可以放心的把朱姓恢復回來，他就將小孩取名為「徐朱南」。

　　上述的記述，還有待更有利的資料來印證，這只是我大膽假設的記載下來，做為日後研究與書寫「朱一貴事件」的參考。（2016.04.02）

吳球是東山區聖賢里人？

　　周鍾瑄主修，詹雅能點校《諸羅縣志》卷十二，〈雜記志〉災祥（崔苻附）的崔苻（2005，遠流，頁346）記述：「康熙三十五年秋七月，新港民吳球謀亂，伏誅。」

　　該行旁註：「球，新港東田尾人；好拳勇。有朱祐龍者，詐稱前明後裔，能遁法；數往來球家，陰集黨伙謀亂。鳳山吏陳樞之妻，球妹也。樞侵蝕課粟，官督之急，稱貸球家；球奮髯曰：『此何足道！當相與圖大事，悉誅此曹子耳。』告以謀，則大喜。尊球為國師，招集漸眾。其黨余金聲約保長林盛同舉事，盛佯許諾；乘夜逃之郡，首告。北路參將陳貴率官民環其宅，賊操兵以出。擒獲球、樞、金聲等為首者七人，杖殺之；而朱祐龍竟莫知所向。」

　　國史館臺灣文獻館 編譯（修訂版），伊能嘉矩《臺灣文化志》（2011，臺灣書房，（上卷）頁468）稱：「吳球事件發生於康熙三十五年。吳球為諸羅縣新港東田尾（屬於新化西里新市街）之民，素好拳勇。……」。

　　陳政三 譯註，達飛聲 原著，《福爾摩沙島的過去與現在》（2014，國立臺灣歷史博物館，（上冊），頁94）的編譯註（7）稱：「吳球為諸羅縣新港東田尾人。該地位於今臺南市東山區聖賢里。」

　　吳球到底是何地方人氏？根據上述有四種說法：第一種說法：《諸羅縣志》稱「新港民吳球」；第二種說法：詹雅能點校《諸羅縣志》旁註稱「球，新港東田尾人」；第三種說法：國史館臺灣文獻館 編譯（修訂版）伊能嘉矩《臺灣文化志》稱「吳球為諸羅縣

新港東田尾（屬於新化西里新市街）之民」；第四種說法：陳政三譯註，達飛聲 原著，《福爾摩沙島的過去與現在》的編譯註稱「吳球為諸羅縣新港東田尾人。該地位於今臺南市東山區聖賢里」。

　　從時間與地理位置上考證，「吳球事件」發生於康熙 35 年（1696），接著「劉却事件」發生於康熙 40 年（1701）；「劉却事件」發生的地點位於今臺南市白河區秀祐里，而吳球可能就是今臺南市東山區聖賢里人氏。（2016.04.03）

下茄苳堡媽祖文創園區之芻議

　　後壁區友人傳來下茄苳泰安宮媽祖廟舉辦 36 庄遶境祈福活動的消息。如果我沒有記錯的話，這項活動已舉辦多年，而且也是每年嘉義縣的鹿草鄉、水上鄉，臺南市的後壁區、新營區、白河區、東山區等下茄苳堡地區的盛事。

　　下茄苳堡是一個有文化歷史、人傑地靈的好地方。清治臺灣時期，高拱乾 纂輯、周元文 增修《臺灣府志》中，〈坊里 諸羅縣〉載：「下茄苳庄【離府治一百三十里】」；〈保甲 諸羅縣〉載：「下茄苳庄一十一甲」；〈水陸營制 臺灣北路營〉載：「分防下茄苳汛：千把一員、步戰守兵八十五名。」。周鍾瑄 主修《諸羅縣志》中〈坊里 庄〉載：「下茄苳庄」；〈街市〉載：「下茄苳街【在下茄苳庄】」；〈陸路防汛 諸羅縣〉載：「下茄苳，縣治由大路往郡至此三十里，南至茅港尾道里各半。西出外九庄，東聯哆囉嘓；地方遼闊，為適中之地。輪防北路營把總一員，目兵八十五名。內分：哆囉嘓八名，烏山頭八名，鹹水港八名，八掌溪塘五名，鐵線橋塘八名，茅港尾塘六名。」

　　日治之初，明治 34 年（1901）劃分臺南縣為嘉義、鹽水港、臺南、蕃薯寮、鳳山、阿猴等六廳。亦即在日治大正 9 年（1920）9 月以前，下茄苳北堡的崩埤庄、菁寮庄、新港東庄、長短樹庄、竹圍後庄屬於嘉義廳鹽水港支廳；下茄苳北堡的下茄苳庄、上茄苳庄、土溝庄、海豐厝庄、大排竹庄、詔安厝庄、蓮潭庄、土庫庄、卯舍庄屬於嘉義廳店仔口支廳。下茄苳南堡的安溪藔庄、本協庄、

鳥樹林庄、馬椆後庄、竹仔門庄、埤仔頭庄、店仔口街、頂秀祐庄、
客庄內庄、下秀祐庄屬於嘉義廳店仔口支廳；下茄苳南堡的王公廟
庄、後鎮庄、許丑庄、埤蔡庄屬於嘉義廳鹽水港支廳。

到了日治大正9（1920）年9月以後，實施州廳制，嘉義廳與
臺南廳合併為臺南州。下茄苳北堡的崩埤、菁寮、新港東、長短樹、
竹圍後、下茄苳、上茄苳、土溝，和下茄苳南堡的安溪寮、本協、
鳥樹林屬於臺南州新營郡後壁庄；下茄苳南堡的馬椆後、竹仔門、
埤仔頭、店仔口、頂秀祐、客庄內、下秀祐，和下茄苳北堡的海豐
厝、大排竹、詔安厝、蓮潭屬於臺南州新營郡白河庄；下茄苳南堡
的王公廟、後鎮、許丑、埤蔡、土庫、卯舍屬於臺南州新營郡新營
庄。

檢視清治、日治臺灣以來，下茄苳堡泰安宮媽祖遶境的36庄，
主要地區包括了現今嘉義縣的鹿草鄉、水上鄉，臺南市的後壁區、
新營區、白河區、東山區等地。在此，我但開風氣不為師，提出「下
茄苳堡媽祖文創園區」之建構，請不要再提「雲嘉南藝文特區」的
大方案，不知臺南市府會袞袞諸公和社會賢達之士高見如何？
（2016.04.08）

陂圳文化與白河木棉道景觀

今（2016）年清明節前，我有一趟的南部之行，得便特地先到後壁區土溝社區的藝術村，再到白河區玉豐社區的林初陂木棉花道。可惜，我們去的當時氣候不佳，已是下午的近黃昏時間，天空一直下著細雨，眼見四周圍是霧濛濛一片，我們只能留在車內，以車代步繞行一回合。

之所以要到訪土溝藝術村，和林初陂木棉花道，主要是為我書寫〈臺南市後壁區在地特色型發展模式分析〉蒐集相關的素材。有關後壁區水利的陂圳文化，檢視《諸羅縣志》：「凡築堤潴水灌田，為之陂；或決山泉，或導溪流，遠者數十里，近亦數里。不用築堤，疏鑿溪泉引以灌田，為之圳；遠者七、八里，近亦三、四里。」

其中已開發重要陂有：諸羅山大陂、柳仔林陂、八掌溪墘陂、埔姜林陂、馬朝後陂、楓仔林陂、佳走林陂、三間厝陂、烏樹林大陂、安溪寮陂、王公廟陂、新營等庄陂等七十陂。以圳為名者有：內林圳、走猪庄圳、荷包連圳、茄苳腳庄圳、石龜溪庄圳等五圳。

上引諸羅山大陂等七十陂，雖未列名有林初陂，但從楓仔林陂、烏樹林陂、安溪寮陂、王公廟陂、新營等庄陂，其等諸陂皆源由白水溪（又稱白河），足證明林初陂亦極具清治時期臺灣農業陂圳文化的意義。

白河社區善用陂圳文化的歷史價值，配合木棉花的種植，在歷經20多年的成長與維護，才能蔚然成為今日春天最火紅木棉花道，並與綠油油稻田相互輝映的美麗農村景觀。（2016.04.10）

獨好下茄苳堡

後壁區公所網站略謂：本區在明鄭時期屬承天府天興縣。1684年（康熙 23）

設臺灣府，下設臺灣、鳳山、諸羅三縣，本地屬諸羅縣。1731年（雍正 9）設廳，改屬「鹽水港廳」，管轄「下茄苳南堡」、「下茄苳北堡」及「白鬚公潭堡」，後因行政區再度調整，始改隸「嘉義廳」。

迨至 1920 年（大正 9）臺灣地方制度大變革，廢廳，設州、郡、庄，將原嘉義廳下茄苳南堡的本協庄、鳥樹林庄、安溪寮庄，和下茄苳北堡的菁寮庄、崩埤庄、長短樹庄、竹圍後庄、新港東庄、上茄苳庄、土溝庄及白鬚公潭堡、白河墩庄等合稱「後壁庄」，隸屬臺南州新營郡。

1945 年（民國 34）臺灣光復，成立臺南州接管委員會，再改設為「臺南縣後壁鄉」，2010 年（民國 99）年 12 月 25 日原臺南縣與臺南市合併升格為直轄市，並更名為「臺南市後壁區」。

檢視上述「後壁」的地名，係出現於 1920 年日治地方行政的廢廳，設州、郡、庄，遂將清治以來的原下茄苳北堡的崩埤、菁寮、新港東、長短樹、竹圍後、下茄苳、上茄苳、土溝，和原下茄苳南堡的安溪蓁、本協、鳥樹林劃歸屬於臺南州新營郡後壁庄。

將原下茄苳南堡的馬椆後、竹仔門、埤仔頭、店仔口、頂秀祐、客庄內、下秀祐，和原下茄苳北堡的海豐厝、大排竹、詔安厝、蓮

潭屬於臺南州新營郡白河庄。將原下茄苳南堡的王公廟、後鎮、許丑、埤藔、土庫、卯舍屬於臺南州新營郡新營庄。

　　我們也深切了解地方行政區域劃分的必須與時俱進，原無可厚非，但是地名的變動卻極容易導致空間地理模糊，和歷史脈絡中斷。「下茄苳」和「下茄苳堡」的傳統地名，既然可以遠溯明鄭、清治以來所曾經發生過的歷史事件，這地名更承載這個地方的氣候地理、人文環境、風俗習慣、生活方式和歷史變遷。因而，這地名凸顯了下茄苳文化的重要標誌，也形塑了特殊的「地名文化」。

　　後壁，或舊名的後壁寮，如果其所指意涵只是「在後方的寮舍」。那如果問我喜歡「後壁區」，或喜歡「下茄苳堡區」的地名？我一定會選擇「下茄苳堡區」；如果再進一步要問我什麼理由？我一定會回答，「下茄苳堡區」這地名它具有著深厚的歷史文化意義和價值。（2016.04.11）

古城遺跡的滄桑與悲歌

　　近日有關臺南市政府維護古城遺跡的兩則消息。一則是 2016
年 4 月 15 日的報導，臺南市政府與德國凱馳環保集團，合作清洗
臺南安平古堡古蹟的專案行動，實際清洗範圍是安平古堡紅磚階梯
與圍牆，這部分歷經多次修繕，年代最久約百年。

　　至於，真正已有 400 年歷史國定古蹟的「熱蘭遮城殘牆遺跡」，
該城牆是糯米汁搗和糖水、牡蠣灰面作成紅毛土，配合麻筋、桐汕
灰、大磚石所砌成，市政府為避免破壞，此次並未列在清洗的範圍。

　　另一則是 2016 年 4 月 22 日的報導，臺南市政府為防治登革熱，
億載金城管理人員因擔心國定古蹟億載金城的砲座殘跡坑洞積水，
在未通報的情況下，即自行以水泥及沙子混合成的砂漿敷蓋。事經
議員在議會提出質詢後，管理人員又即採取移除水泥砂漿的粗造處
理方式，因而遭批評市政府帶頭違反「文化資產保存法」，文化部
也趕派文資團隊評勘，以進行古蹟的修復。

　　臺南素有「王城」、「府城」的古城稱號。古城歷史可溯自
1624 年荷蘭人在安平建造了臺灣第一座城堡「熱蘭遮城」，也就
是現在所稱的「安平古堡」。這座城堡曾是荷蘭人東印度公司統治
臺灣的權力中樞，也是對外貿易的中心。1662 年鄭成功驅走荷蘭
人，「熱蘭遮城」成為延平郡王的居所而稱為「王城」。但隨著
1683 年臺灣的納入清帝國版圖，「王城」已漸失其重要的軍事位
置和歷史價值。

　　尤其沈葆楨為發生牡丹社事件之後的加強南臺灣對日防務，開始建設現代化砲台，以保衛「府城」安全，亦曾破壞「王城」的城牆，以其磚興建「億載金城」，至此「王城」已無舊貌。到了1895年日本統治時期，內城荷式建築更是遭到全毀，幾經屢次修建，遂成為今日的紀念館。

　　1945 年臺灣光復，國民政府將有歷史之稱的「王城」、「府城」改名為「安平古堡」，並成為一級古蹟和觀光勝地。目前外城南牆的紅磚殘壁，是僅存的遺跡，訴說著「熱蘭遮城」歲月的滄桑，與「臺灣歷史」的文化悲歌。

　　當前世界各國家為推動在地化特色型發展模式，無不使盡全力要保存各地具有特色的歷史文化古蹟，並與結合旅遊觀光等相關產業，來發展國家經濟和活絡地方產業。我們已實施多年的《文化資產保存法》，對於一些遭遇窒礙難行條文的修正，更是迫在眉睫。
（2016.04.29）

輔大學園一隅記述

　　我們這一屆圖書館學系的同學，有人從美國加州回來臺灣省親，負責召集我們這屆同學，大家協議決定相約回到已經闊別 42 年的輔大校園，原因是大夥盼望聚首的話說從前，嘗試找回不經意失落已久的共同記憶，重新感受那許久不曾再現的舊夢滋味。

　　我們說好是下午 3 點的時分在學校大門口會面，我是迫不及待從龜山一路轉車，最終以搭捷運抵達輔大站，當我走出 1 號路口的時刻是要比大家原約定的來得早些。正在我眼睛努力尋找卻不見，當年令我在多少的黃昏時日流連進出的「大葉書局」時，我們同學也都陸續來到。

　　進入校門，映入眼簾的盡是已經長高的榕樹與增蓋的建物，已不見當年左右兩邊寬闊的綠色草坪。我們很快地走過我們以前常借來舉辦書展的理學院大樓，希望能盡速看到文學院大樓的教室，那是我們大一新生時期上課的地方。印象中是要經過兩排種有夾竹桃的人行道，再繞道花池方可抵達。現在已不見夾竹桃和人行道，但蓮花池還在，我們趕快請學弟幫我們拍了照，也順便提問如何能找到已經被更換上課地點，和改制教育學院的圖書資訊學系。

　　我們事先並未與系上的老師和學生約好，所以當我們敲門進去，說我們是第一屆圖書館系的系友時，引來的是一陣驚奇聲響，學妹們一方面趕快招呼我們坐下來休息，一方面也聯絡系主任和系上老師。大家一陣寒暄之後，我拿出最近由蘭臺出版社幫我印行的《文學、文獻與文創》一書，分別致贈黃主任和毛老師，並請教當年我

們創辦的《圖書館學刊》和《耕書集》，是否蒐藏在系館或學校圖書館？

　　才不過十分鐘光景，黃主任立刻就拿出珍藏本，秀給大家翻了翻，我們很快就翻找到自己當年發表的作品，急忙用手機拍下做留念。我的這時期作品業已都收錄在《文學、文獻與文創》裡。

　　我們一行人在毛老師帶領下繼續參觀，雖僅限校園一隅，但包括了安置已故校長于斌的墓地，毛老師更不忘帶我們去品嚐早已聞名校外的霜淇淋，之後我因另外有事，遂在毛老師送行到捷運路口的後會有期聲中離開，其他同學則繼續她們未竟的輔大校園巡禮。

（2016.05.27）

我的下茄苳堡書寫

日前在徐明水律師的臉書上，閱讀了其撰寫和拍攝今（2016）年臺南後壁區下茄苳泰安宮媽祖廟繞境的一系列活動資料和圖檔記述，內容極為精彩，對徐兄熱忱愛鄉和崇敬媽祖的精神更令人感到敬佩。誠如徐律師自己所述：「身為茄苳媽契子，自幼受茄苳媽及元帥爺公庇佑的人，自難以輕易缺席這樣的活動。」

回溯我自 2006 年應上海社科院與天妃宮、2009 年應寧波市文化廣電新聞出版局與慶安宮（會館）、2010 年 1 月應湄洲島國家旅遊度假區管委會與媽祖主廟、9 月應天津市南開區旅遊局與天后宮等主辦單位之邀，有幸參與了祭祀媽祖的慶祝活動和學術論壇。我已經將參加上述活動的經過情形和論文內容，全部彙整在我的《文創產業與城市行銷》一書，並於 2013 年由臺北的蘭臺出版社印行。

我崇敬媽祖的救人苦難精神，讓我對各地的媽祖宮廟有一種特殊的情懷和信仰，特別是自己家鄉的下茄苳泰安宮媽祖廟。考據下茄苳泰安宮媽祖廟的沿革，其獻地者與 1700 年（康熙 39）獻地鳩資興建笨港（北港）天妃廟（朝天宮），同為陳立勳一人。陳氏原為鄭成功部臣，家族人在康熙年間（1662~1722）由雲林北港、嘉義鹿草至下茄苳地區，是重要墾戶之一。

至於下茄苳地名，最早標示於〈康熙臺灣輿圖〉的「下茄苳汛」，汛是清代統領綠營的兵制，足證下茄苳在 1683 年清領臺灣之前已

是一個軍事重地。1696 年（康熙 35）高拱乾纂的《臺灣府志》有
諸羅縣「下茄苳庄」離府治一百三十里

之記載。而開發較早時期的曾文溪以南多使用「里」，曾文溪
以北則使用「堡」（保）。

因此，下茄苳堡源自明鄭、清治、日治臺灣以來，該堡泰安宮
媽祖遶境的 36 庄，或是 2016 丙申年祈安巡禮遶境轄內 59 庄的主
要地區，包括了現今嘉義縣的鹿草鄉、水上鄉，臺南市的後壁區、
新營區、白河區、東山區等地。

後壁鄉親徐明水律師的 2016 年下茄苳泰安宮媽祖廟遶境境記
述，和最近看到渡也談「我的大阿里山區書寫」，引發了我檢視我
發表迄今 240 篇的《拙耕園瑣記》，雖說內容的記述主要以「臺南
人、府城事、家鄉情」為主，但有關下茄苳堡 36 庄地區介紹的字
數，幾乎可以彙成《我的下茄苳堡書寫》一書，讓若再增加照片圖
檔，當可讓大家《走讀下茄苳堡之美》。（2016.06.19）

陳立勳墾業與下茄苳開發

　　陳立勳在清順治 18 年（西元 1661 元）加入鄭成功部隊。隨後參與鄭氏王朝經營臺灣，寓兵屯田，入墾地以北港為起點，逐漸向南墾荒，除現今嘉義縣鹿草鄉、六腳鄉，另雲林縣水林鄉、北港鎮一帶亦擁有田園數百甲、糖廍、土礱間等許多店面。往南則至今臺南市後壁區下茄苳，皆為其墾地。

　　陳立勳與鄭成功同為泉州府同安縣人，墾臺後定居於鹿草鄉山仔腳，庄內二百多年歷史的「南陳宗祠」內，懸掛有來臺第一代陳立勳夫婦的畫像。「南陳宗祠」奉祀陳立勳為來臺開基第一世祖。陳立勳育有三子陳聖祥、聖智及聖瑞，聖瑞及其二名兒子建標及鳳池都考上進士。

　　但是根據鹿草數位機會中心網站資料指出，鹿草鄉的開墾，始於 1624 年（明天啓 4 年），四百年前開臺第一批漢人「海上武裝集團」顏思齊、鄭芝龍，在嘉義沿海一帶建立拓臺「諸羅外九庄」時，鹿仔草和龜佛山就分別列名其中。1685 年（清康熙 24 年），先民沈紹宏領得墾照，令李嬰為管事，再度招募墾戶（陳國祚、陳立勳、陳允捷、林龔孫）來此墾殖，且設立一村落，稱為鹿仔草庄。日據時期，鹿仔草庄改為鹿草庄，隸屬臺南州東石郡。1946 年成立鹿草鄉公所，隸屬臺南縣東石區。1950 年調整行政區域，改隸嘉義縣。

　　根據曹永和《臺灣早期歷史研究》收錄〈鄭氏時代之臺灣墾殖〉一文（頁 279），該文綜合日人平山勳和伊能嘉矩的著作指出，大

棟榔東堡的開墾有南安縣人陳水源入「茄苳腳庄」，自大陸招致移民分給墾地，大棟榔東堡是在雲林縣境。我目前尚無資料顯示陳立勳與陳水源家族是否有直接關係。

　　我假設，如果「茄苳腳庄」所指的是現今「下茄苳」地區（明清時期下茄苳南堡的木脇（協）庄，光復後木協庄與下茄苳庄合併為嘉苳村）的話，那依我們陳家一直到 1970 年代所曾經擁有過下茄苳與安溪寮頂安村交界附近的農地來推測，我就可以假設，我們陳家祖籍有可能與陳立勳和陳水源的家族，同是來自泉州府的南安縣，而非安溪縣？（2016.06.24）

陳政三與《福爾摩沙島的過去與現在》

　　近日從臉書上看到莊華堂先生傳來陳政三先生不幸過世的訊息，真令我感到哀傷與不捨。我哀傷斯人有斯疾；我不捨我諍友少一人。我和 Tan Jackson（陳政三先生臉書上的英文名字）素昧平生，但是我早聞其名，並已拜讀過他花費多年心血譯註，由臺灣歷史博物館出版厚逾九百多頁的《福爾摩沙島的過去與現在》精裝兩大冊。

　　去（2015）年我們透過臉書交往，Tan Jackson 在我書寫《拙耕園瑣記》上，給了我許多有關臺灣歷史方面的指教，諸如：

　　1. 在我的《拙耕園瑣記之 201》〈北白川宮能久親王的臺南後壁區安溪寮遇刺？〉一文，Tan Jackson 給我的指教：

　　從新竹牛埔山到臺南各地，都有「北白川宮被暗殺」傳說，「一路死到臺南」多次，包括大肚河北畔中彈、打貓（民雄）被地雷炸成重傷、臺南市後壁區安溪寮遇刺……等，甚至有說明治天皇派人暗殺或施壓逼他自殺者！根據吳密察考證，9 月 18 日能久親王曾致函小松宮，內附轉給伊藤博文的信，該日親王不但活著，且未罹病。總督府《理蕃誌稿》大正二年（1926）記載，「（親王遺孀）北白川宮太妃 10 月 30 日訪問屏東街臺糖公司，原住民 50 人、原住民兒童 30 人在公司正門歡迎」，她曾於 1901 及此次來臺，都到過新竹神社祭拜。（明耀〈誰殺了北白川宮能久親王？〉，《臺北文物》9：2/3，頁 51-56；洪棄生，頁 17；吳密察〈乙未臺灣史事探析〉，頁 536-537；黃榮洛，《渡台悲歌》，頁 98-107；喜安幸

夫，頁 80-82。以上參閱拙譯註，《福爾摩沙島的過去與現在》22
章註釋。）

　　有些並未收入拙譯註（因為資料過多）：親王赴臺南途中，10
月〔17 日晚上發燒、不適；〕18 日〔上午從嘉義出發〕出現瘧疾
症狀，〔當天仍可騎馬；19 日起只能搭轎前進了，連川村、坂井
兩位少將也都染病，改乘轎；親王〕隨後逐日加劇〔；20 日晚住
進灣裡街（今善化區）林鉋的住家，隔壁寺廟躲著一位義勇，晚間
12 點想從副官室旁邊溜走被擒，日方文獻記載「驚動了親王，妨
礙其睡眠」；21 日已經無法坐轎，改用擔架抬行，下午 4 點半進
入臺南，住進一處民家；〕28 日終於病歿於府城。日本親王〔如
在外亡故，〕屍體運回東京前就發布死訊，並不合王室體制，因此
他的遺體抬上西京丸準備運返日本之際，並沒有舉行任何儀式〔，
對外仍宣稱病重。29 日〕遺體裝在大型日本式棺木裡面，由天皇
敕許隨軍的一隊相撲力士扛抬到安平。〔上午 10 點，〕棺木上船、
安置妥當，立即啟航，吉野軍艦在側護航，一起開往日本。〔11
月 4 日敕令升任陸軍大將，同日上午 7 點 40 抵橫須賀，連夜進京，
才發布死訊（5 日）；11 日舉行盛大國葬，墳墓位於豐島岡。1901
年 10 月 28 於其忌日，在臺北劍潭山腰興建臺灣神社（今圓山飯店
址），後來各地陸續興建的臺灣神社，都以他為供奉主神。遺孀曾
兩度來臺祭拜。〕

　　北白川宮太妃曾於 1901 及 1926 年來臺，都到過新竹神社祭拜，
黃榮洛據此，認為親王死於新竹牛埔山。依據日本史料，10 月 20
日晚住進灣裡街（今善化區）林鉋的住家，隔壁寺廟躲著一位義勇，
晚間 12 點想從副官室旁邊溜走被擒，日方文獻記載「驚動了親王，

妨礙其睡眠」；21 日已經無法坐轎，改用擔架抬行。這句話也留下了想像空間。以上，也未收入拙譯註。日本官方資料則如上述。』

2. 在我的《拙耕園瑣記之 203》〈林豪《東瀛紀事》的臺南後壁區安溪寮記述〉一文，Tan Jackson 給我的指教：

《臺灣通志》（頁 854-855）載，七月間總兵林向榮率軍赴斗六門，被圍，餓死的；民軍則稱吞金而死；另有稱仰藥死。《清諭旨檔案》第 8 冊（頁 48-49、158）云：督戰力竭陣亡，其弟向皋、次子張成同殉難，妻吳氏絕粒自盡。同治七年 12 月下旨在府城建專祠，隨祀的有 478 陣亡將士。』

3. 在我的《拙耕園瑣記之 204》〈下茄苳與劉却的起事議題〉一文，Tan Jackson 給我的指教：

（1）劉却，地方方志均作劉「却」；近期史書大都載為劉「卻」。應以劉却正確，不能亂改他人名字。陳老師用得好；（2）劉却於康熙四十年十二月七日起事，時為 1702 年 1 月 4 日（注意陰曆、陽曆跨年換算）；至康熙四十二年二月（1703 年 3 月）被捕，為時 1 年 2 個月；（3）周鍾瑄（頁 281）稱擒獲於「笨港秀才莊」，又稱（頁 123 ）：「笨港南與猴樹港（嘉義朴子）毗連，北至海豐港（今雲林麥寮鄉海豐村）」，可見範圍之大。狹義的笨港街當時隔著溪流有南（今新港）、北（今北港）之分。要到乾隆十五年（1750）才有「北港街」之稱、乾隆四十七年才有「新港街」（安倍明義，頁 211）。但假如不是上述，依據罪犯喜窩藏有地緣關係之處，淺見傾向於他躲在離白河不遠的昔日新營秀才莊（安倍明義，頁 189），也即「許秀才莊」，今東山區三榮里。連橫，前引書，頁 602，誤植為秀水莊。當然，這還有待進一步考據。請酌參。

4. 在我的《拙耕園瑣記之 205》〈下茄苳堡張丙與沈知起事的反思〉一文，Tan Jackson 給我的指教：

北崙仔莊，嘉義新港鄉北崙村。張阿凜是雙溪口客家大戶，雙溪口可能為嘉義朴子鎮雙溪、溪口里；也有稱白河區蓮潭里。南路民軍首許成，又名許從戎，綽號大肚，閩人。

5. 在我的《拙耕園瑣記之 206》〈店仔口吳志高與白水溪教案事件〉一文，Tan Jackson 給我的指教：

吳志高亦黑亦白，地方大角頭，軍功世家，臺灣地方政府不是不知道，只是不想因小失大，徒增動亂。且當時反對洋教者，所在都有；當局對傳教師常搬出英國領事施壓，也很感冒，所以也就睜隻眼閉隻眼了。

以上，我列舉了 Tan Jackson 回應我臉書上的長文，我充分感受出他熱情真誠的不吝指教。他的離去，我不捨地道聲「一路好走」，也要道謝他回應《拙耕園瑣記》留下的珍貴文字，更要感謝他為臺灣人譯註《福爾摩沙島的過去與現在》的歷史意義。（2016.08.04）

《金水嬸》與臺灣鄉土文學

　　日前曾任文建會主委的王拓不幸因心肌梗塞病逝，讓我想起多年前他出版的小說集《金水嬸》。王拓原名王紘久，早期他以參加文學活動居多，《金水嬸》是專注描述基隆八斗子的村落裡，許許多多漁民貧困生活的小故事，尤其是深入刻劃臺灣底層家庭中母親所扮演的堅忍角色，凸顯了 1970 年代寫實主義為重心的鄉土文學。

　　1977 年王拓發表〈是「現實主義」文學，不是「鄉土文學」〉，認為不管是鄉村或是都市，都有文學作者所要瞭解和關心的人事物，應以「現實主義」文學稱之，而不是「鄉土文學」。但因其對社會上比較低收入的人賦予更多的同情和支持，導致對鄉土文學的熱烈喜愛而引燃與朱西甯〈回歸何處？如何回歸？〉、彭歌〈不談人性‧何有文學〉等人的為文回應，爆發了所謂的「臺灣鄉土文學論戰」。臺灣鄉土文學論戰的如火如荼開打時期，我已離開臺南後壁老家，新住進溫州街巷子的公寓，它的地點就正位在現今羅斯福路三段臺電大樓的對面。我每次下班回家，路過這鄰近小書攤店門口時，總會翻閱當時「黨外」刊物。當時店家除了販賣《李敖千秋評論叢書》、《萬歲評論叢書》之外，當時王拓的《金水嬸》等著作。

　　王拓後來加入《美麗島雜誌》編輯，和積極參與體制外的政治運動，而逐漸遠離了文學創作的書寫。或許王拓晚年當他從政壇退下來之後，還想要延續他的文學生命，但已是歲不我與。王拓的文學活動與政治運動都是自己選擇，人間或許難免有遺憾。但是我會

記得王拓的小說《金水嬸》，刻劃臺灣底層家庭中母親所扮演的堅忍角色。（2016.08.14）

臺南市東山區吉貝耍踏查

　　我在撰寫與出版《警察與國家發展：臺灣治安史的結構與變遷》一書時，即對《臺灣府志》〈土番風俗〉記述：「土官有正、副，大社至五、六人，小社三、四人。隨其支派，各分公廨。有事，咸集於廨以聽議；小者皆宿外供役。」的「公廨」意涵產生好奇和感到興趣。

　　2016 年 10 月 16 日我藉由南下新營參加喜宴之便，在友人的陪同之下，走訪了一趟心中嚮往已久西拉雅族部落的臺南市東山區東河村。

　　東河村的原名吉貝耍，其西拉雅語 Kabuasua，意指「木棉花的部落」。郁永河《裨海遊記》寫他 1697（康熙 36）年元月自福建出發，2 月下旬抵達臺南府城，停留 2 個月之後，4 月上旬渡過大洲溪，經過新港社、目加溜灣社、麻豆社、蕭壠社；又渡過茅港尾溪和鐵線橋溪，經過哆囉嘓（Doroko）社；又夜渡急水溪、八掌溪，抵達諸羅山。吉貝耍的聚落所在的，就位在郁永河文中所提到哆囉嘓社（今東山區）活動的範圍。

　　根據一份正式土地文書記載，吉貝耍部落的形成，始於 1791（乾隆 56）年清政府的推動番屯政策，西拉雅族的蕭壠社（今佳里區）人被派前往吉貝耍擔任屯守任務，迄今留有一大公廨（界）、五小公廨遺址。1602 年明朝人陳第寫〈東番記〉將西拉雅人傳統中，集信仰、聚會、會議、青年會所於一身的建築群稱為「公廨」。

到了清朝時期的派有通事官員進駐，意有「公家辦公處所」，對西拉雅族而言則更其具有「祖靈屋」的家族文化意涵。

蕭壟社人來到吉貝耍的東山丘陵地之後，結合了麻豆社、茄拔社、灣裡社、大武壠社、洪雅族哆囉嘓社，以及部分屬於鄒族的阿里山社、內優社，組成屯守範圍長達 110 里，配備有 300 名屯丁的「蕭壟小屯」，肩負臺灣縣（今臺南市府城以北地區）以北，至水沙連附近山區的社會治安工作。

吉貝耍位居「蕭壟小屯」防線的重要河道龜重溪下游（古稱十八重溪），而屬於與當時山透府官道的交會要衝，日後逐漸聚成以蕭壟社人為主，麻豆社、灣裡社、大武壠社、哆囉嘓社為次的社民部落。目前吉貝耍人口約有 398 戶、1,002 人，其中西拉雅族人約占 60%，段姓為該部落最大姓，約占 30%，其次如潘、張、李、章、楊、程等各姓氏家族。

吉貝耍土地開墾，歷經段姓業主與麻豆社通事陳國興於 1795（乾隆 60）年開墾蔴埔土地（今東山區水雲里附近），1810（嘉慶 15）年至 1878（光緒 4）年的近百年間，吉貝耍段姓業主以蔴埔業主身分，分別陸續與曾振吉、李江海、楊灰俗、沈田、徐贛等人出墾現今東山區水雲里地區的附近土地。1895（光緒 21）年清政府將臺灣割讓給日本，1905（明治 38）年日本總督府廢除「番大租」，段姓業主土地因非自耕地，遭總督府以農林債券補償方式，收歸國有或轉由租佃農所有。

1945（民國 34）年臺灣光復，1948 年吉貝耍村改名東河村，1953 年臺南縣文獻委員吳新榮訪查吉貝耍祭典，記載了吉貝耍該項慶典的最早文獻資料。1962 年中央研究院民族研究所教授劉斌雄到吉貝耍，進行〈南部地區平埔族的阿立祖信仰調查〉。1977

年考古學者臧振華於龜重溪吉貝耍段北岸河階，發現屬於蔦松文化的「吉貝耍遺址」。

2006 年 9 月臺南縣政府西拉雅原住民事務委員會成立，並於 2008 年公告「吉貝耍夜祭」為民俗及有關文物之信仰類文化資產，2013 年 5 月吉貝耍部落學堂成立，9 月「吉貝耍西拉雅族夜祭活動」獲文化部列為「國家重要民俗活動」。

我的這次吉貝耍（Kabuasua）之行，已是在今（2016）年 10 月 4 日至 5 日的「吉貝耍西拉雅族夜祭活動」之後，雖未能趕得上目睹該夜祭的盛況，但我經吉貝耍的繞行了一回之後，仍然可以看到從舉辦完活動所留下的一些文物，感受到政府和西拉雅族人的重視此一文化祭典，特別是對阿立母（組）信仰的高度崇敬。

我回到臺北之後，查閱我們陳家的日治時期戶籍資料，發現我的曾祖母曾氏吉，她於 1891（光緒 17）年 12 月接受曾祖父的續絃，我考其娘家的地址，記載的是在「鹽水港廳哆囉嘓西堡番社街五十番戶」，而曾祖母戶籍種族欄上註記的「福」字，當指閩南漢人之意，但我依據其娘家所在地名與地點的哆囉嘓西堡番社街，我推測我曾祖母的原生家族極有可能會有漢族與哆囉嘓社洪雅族，乃至於吉貝耍西拉雅族的聯姻淵源。（2016.10.21）

「鹽水港廳哆囉嘓西堡番社街」釋疑

　　2016年10月16日我這次的〈臺南市東山區吉貝耍(Kabuasua)踏查〉，同時也查證我的曾祖母曾氏吉的身世，她於 1891（光緒17）年 12 月接受曾祖父的續絃，我考其娘家的地址，記載的是在「鹽水港廳哆囉嘓西堡番社街五十番戶」。曾祖母嫁入陳家之後 12 年，也就是 1903 年又將其妹曾氏品與李猛所生的長女李氏月，許配給曾祖父與元配王氏換所生的長男陳得旺。而當時曾氏品的戶籍地是「鹽水港廳哆囉嘓西堡番社庄（土名番社街）二百四十二番戶」。

　　官方網站記載〈東山區之由來與沿革〉，我經查考補修正文字如下：「明鄭時期（清康熙八年、西元 1669 年），鄭氏部將何替仔召集閩籍墾戶入墾東山週邊土地(今東山區水雲里附近)，後來，漢人移居者日漸增多，並與平埔族民 （1686 年蔣毓英完稿《臺灣府志》與 1701 年高拱乾完稿《臺灣府志》〈坊里〉出現「倒咯嘓社」、1745 年六十七與范咸合纂《重修臺灣府志》〈番社〉出現「哆囉嘓社」）交易、通婚成立新莊，乾隆 29（27？）年（1764）余文儀出版之《續修臺灣府志》，始稱「哆囉嘓街」。

　　乾隆中葉（1785~1795），有平埔族西拉雅系蕭壠社民（蕭壠社在今臺南縣佳里鎮）經「倒風內海」（清代臺南市西部潟湖之一，乾隆後日漸淤塞成平陸）溯急水溪而上入其支流龜重溪，於吉貝耍（今東山鄉東河村）登陸，佔領原哆囉嘓社的地盤，吉貝耍遂成為蕭壠社最大支社之一。

　　本鄉（東山區）目前之行政區於清朝中葉（約 1860 年代）分屬於「哆囉嘓東頂堡」、「哆囉嘓東下堡」、「哆囉嘓西堡」共三堡，東頂堡有四庄——牛肉崎庄（今水雲里、林安里）、下南勢庄（今南勢里）、前大埔庄（今東原里、嶺南里），崎仔頭庄（今青山里、高原里）。東下堡有三庄——大客庄（今大客里、科里里）、二重溪庄（今南溪里）、番仔嶺庄。西堡有五庄——番社街（今東山里、東中里、東正里）、許秀才庄（今三榮里）、田尾庄（今聖賢里）、頂窩庄（今聖賢里）、吉貝耍庄（今東河里）。

　　清末時期本鄉（東山區）行政編制隸屬「諸羅縣哆囉嘓」，日據時編為「臺南府鹽水港店仔口支廳番社」，嗣後，置卅郡街庄隸屬「臺南卅新營郡」，名為「番社庄」（土名番社街），光復後，設鄉命名時，以此地位於臺南市東方山地，境內又有「大凍山」，乃易名「東山鄉」，此乃本鄉鄉名之由來。」

　　我從曾祖母娘家的戶籍地「鹽水港廳哆囉嘓西堡番社街」，與其妹妹出嫁後的戶籍地「鹽水港廳哆囉嘓西堡番社庄（土名番社街）二百四十二番戶」，獲得結論是：先有名「番社街」，後有名「番社庄」，也就是現今的東山里、東中里、東正里等地，而現在比較熱鬧，俗名「東山街上」的正確位置應是於此。

　　我這次吉貝耍（Kabuasua）踏查的最後一站，就是到「東山街上」看到了東山咖啡店，和買了閩南話俗名「大腸」的道地鄉土名產。這家雖然位在「東山街上」（俗稱中街）不起眼，專賣灌好的「大腸」，再沾上該店獨配的佐料，真有風味可口又有飽足感。

　　曾祖母娘家的番社街，讓我聯想起我祖父 1930 年的續絃陳蕭氏日，我小時候聽父母親談起，她娘家就來自「番社」，所以她講的話我都聽不懂，我一直大膽認為她娘家應是平埔族，可是近年我

查證其戶籍記載，竟是「臺南州新營郡後壁庄長短樹六百七十一番地」。

　　我發現這地方的主要人口結構又不是平埔族居住區，我的繼祖母娘家是否在「番社」，或是父母親向我談起的「番社」，指的是繼曾祖母的娘家，這些都有待我進一步蒐集更具體的文獻來佐證了。

（2016.10.27）

古城與府城的歷史記憶

今（2016）年 11 月 8 日舊臺南地院經過 13 年的整修完工，司法院除了舉辦司法文物特展之外，據悉未來司法院並將其規畫為國家級的司法博物館。舊臺南地院興建於 1912 年，與現在總統府、國立臺灣博物館，同列為日治時期臺灣的三大歷史建築。據報導臺南市長賴清德希望舊臺南地院改交由臺南市政府管理，預備作為「城市歷史博物館」之用，但歷經多次溝通迄今尚未獲致層峰支持。

回溯 2013 年 4 月間，我有機會應臺南市政府警察局之邀，回到故鄉新營的一場講演中，曾針對當時臺南縣市合併後不久，我提出合併後的警察局更有條件和空間，可以選擇一處所規畫設置成立全臺第一個「臺灣治安史研究中心」。當時我的出發點，即在凸顯臺南具有荷蘭治臺時期古城、鄭成功和清治臺灣時期府城具有傳承城市歷史記憶的意義與價值。

我在拙作《警察與國家發展——臺灣治安史的結構與變遷》書中提到，在臺南發生的重大治安事件諸如：荷蘭時期的 1628 年大員事件（又稱濱田彌兵衛事件）、1629 年麻豆溪事件、1652 年郭懷一事件，1682 年前後鄭治時期的叔侄王位爭權，清治時期的 1786 年林爽文攻陷府城、1701 年與 1875 年白河劉却事件與白水溪事件、1832 年張丙與 1836 年沈知下茄苳事件、1862 年白沙墩（現今後壁區新嘉里）戴潮春事件等等，日治時期 1915 年玉井余清芳事件，國民政府時期 1947 年湯德章 228 事件等，都是臺南市民的重要歷史記憶。

舊臺南地院建築如果順利改為城市歷史博物館，其位處不僅是在臺南市中心的文教區，而且交通便利，從臺南火車站出發沿著中正路，經過的重要景點包括：石像圓環、氣象站、將改制文化資產保存研究中心的舊市政府官舍、警察局、農田水利會、孔廟、蕭氏節孝坊、武德殿等重要歷史據點。如果再從永福路到武廟、天后宮、赤嵌樓等歷史建物，更可以構成一個具有臺南古城與府城的歷史文化園區，成為重要地方鄉村旅遊的觀光景點。

以上臺南古城與府城的歷史記憶，謹提供臺南鄉親參考。（2016.11.20）

第三部分　文創新意

城市治理與地方產業

今天我參加銘傳大學公共事務學系在士林基河校區，舉辦的〈臺灣都市化問題與對策〉焦點座談。我的發言是從城市治理與地方產業的面向切入。

因為，面對臺灣城市的都市化，除了治安、交通、教育、就業、財政等共同性問題要解決之外，每一個城市發展的歷史背景和其具備的條件亦不盡相同。

當大前研一提出《民族國家的終結》一書的觀點之後，全球化時代的城市地位益顯重要。在不強調「民族」、不強調「國家主權」下，種族和疆界的概念越來越模糊，新興起的是重視每個城市治理與產業發展的特色，城市發展才會有競爭力。

目前臺灣已出現一種現象，例如 2016 年高雄後勁地區在中油遷移之後，如何能繼續維持地方產業發展？有沒有其他替代產業進駐？會不會出現如美國底特律市政府，因為汽車業的沒落導致財政破產？

這是臺灣早期經濟發展，選擇在高雄成為重化工業區所必須付出的代價。現在又該如何轉型？這是我們在城市治理與地方產業發展要思考的問題。

然而，歷經多次的每逢選舉季，我們都會不禁針對朝野政黨提名的候選人問道：到底城市治理與地方產業發展的牛肉在哪裡？

（2014.07.11）

變了色的臺灣長白山

有「臺灣長白山」之美譽的，是指臺南七股依其鹽業特色所發展出來的創意產業。之所以吸引人，是將那海鹽堆積、再堆積，使其狀如側嶺成峰，在南臺灣艷陽高照下呈現亮晶晶的鹽山，其景有如覆蓋白雪皚皚的長白山之美。

回溯臺灣鹽業，伴隨臺灣三百多年來的經濟發展，直到20世紀晚期鹽業經濟效益的沒落再轉型，成為臺南發展地方產業的重要元素。

鑑於發展地方產業有個特點，就是強調與地方歷史文化的結合，特別是配合政府積極推動的文化創意產業，臺南七股鹽業也是如此。

但現在七股的「臺灣長白山」，只要遇到下了一、兩場雨，就會變成一堆堆不再具有吸引觀光客的黑沙，如果還要從國外引進白鹽才能再現鹽山風華，顯然已經失去鹽業發展的歷史意義。

我的看法是：如果七股鹽山已經失去原色，不再具有在地文化特色，那麼這樣的地方創意產業就另闢途徑吧！（2014.07.12）

阿里山森林鐵路的申遺

近年來，各國申報世界遺產的動作非常熱絡，可以提供我們借鏡的韓國、日本、中國大陸可說是這方面的佼佼者；相對地，也給臺灣帶來很大的壓力。

因為，在地域上同屬亞洲，在文化上又都受到漢文化的影響很深。我印象較深刻的是 2009 年 9 月湄洲島媽祖信俗申報世界非物質文化遺產成功。

據了解：媽祖信俗申報之所以能成功的因素之一，是臺灣主要媽祖廟或天后宮所提供繞境活動的豐富佐證資料。或許這是兩岸在國際上合作成功的案例。

當然，臺灣阿里山森林鐵路的申遺有其特殊性，除了強調周邊生態景觀、經濟產值之外，阿里山森林鐵路建造於日本軍國主義統治臺灣時期。

這項申遺活動，不但代表臺灣人衷心希望留下並彰顯，此一刻骨銘心的國家與文化衝突的被殖民意涵，也可凸顯臺灣多元文化特色的價值，這正是阿里山森林鐵路要申報世界遺產成功的核心元素。

在此，我們虔誠預祝阿里山森林鐵路的申遺行動成功。
（2014.07.16）

沈從文與金城武的產業效應

報上兩則消息：一則是湖南鳳凰縣大暴雨，水淹鳳凰古城；一則是宜蘭縣大爆紅，人滿文學館。

鳳凰縣是歷史古城，今日盛名因有沈從文故居的文學效應；宜蘭文學館是以日治時期宜蘭農校校長宿舍整建，今日盛名因有金城武廣告的觀光效應。

換言之，沈從文的文學為鳳凰古城帶來效益；金城武的廣告為宜蘭文學館帶來效益。

我要說的是：文學沈從文與影星金城武的文化產業效應，創造的雖然都是屬於地方性效益，有助於改善地方政府的財政結構，但這也正是政府近年來積極推動文化創意產業的目的。

我們希望的不但是中央政府推動《兩岸服貿協議》的立法，能帶動國家經濟發展；我們也希望有地方政府推動社區文化產業，來為我們營造小確幸的生活環境和格調。

因為，只要能有產業效應的文化創意經濟政策，小老百姓都非常的迫切需要。政府存在的目的和執政成果，不就是在替人民營造一個可以安居樂業的國度嗎？（2014.07.17）

煙火美景不美

　　首先，要針對 731 高雄大氣爆罹難人員表示哀悼之意，這事件自發生迄今已快過 24 小時，搶救工作持續還在進行，期望能減少傷亡人數，把災害降至最低。

　　現在我們從電視報導看到的整個災區，令人觸目驚心，宛如戰爭轟炸過後的人間煉獄。政府單位除了全力投入救災之外，民間力量也都動員配合，有錢出錢，有力出力，正是全國上下團結一致的關鍵時刻。

　　而臺北市長郝龍斌和新北市長朱立倫，在今天一早，即刻宣布分別停辦「大稻埕音樂煙火節」，和「三重煙火節」的文化活動。儘管這兩項活動都已籌備多時，但是在高雄已經發生這麼重大的災難事件時，假若這二個最大城市還在玩放煙火的遊戲，這沖天炮不是更讓人聯想高雄的大氣爆景象嗎？

　　縱使這煙火節活動都是雙北市民盼望已久，就像在那 1980 年代，我帶著我家小孩，在國慶日的夜晚，從總統府附近的高空處，滿懷歡喜地觀賞聯勤國軍，在淡水河邊施放的煙火美景。

　　但今天我們完全支持雙北市長的決定，也希望他們把重點放在協助救災上，好讓高雄大氣爆的慘、慘、慘的三個連續慘狀趕快過去，盡速恢復昔日港都的風貌，好讓臺灣這具有歷史的放煙火文化活動得以延續。（2014.08.01）

明華園與童聲合唱團

　　當社會發生不幸的事件時，我們更會想到以人文藝術，來撫慰人類的心靈。

　　近幾天臺灣發生澎湖墜機、高雄氣爆的傷亡悲劇，我們也就聯想到總統夫人周美青率「臺灣原聲童聲合唱團」到日本的演唱，以及團長陳勝福領導「明華園歌仔戲團」行腳非洲的表演。

　　「臺灣原聲童聲合唱團」唱出了臺灣原住民的美妙歌聲，也充分表現出了臺灣的原住民文化。「明華園歌仔戲團」演出了《西遊記》的中華文化元素，也充分展現出了臺灣的閩南文化特色。

　　換言之，「臺灣原聲童聲合唱團」與「明華園歌仔戲團」都是融合了多元文化元素，所形塑具有臺灣特色的藝術文化。

　　如果，我們要問「臺灣主體性文化」在哪裡？我們似可從「臺灣原聲童聲合唱團」與「明華園歌仔戲團」展現的精神，深刻體會「臺灣主體性文化」的意涵。

　　它有原住民的、荷蘭人的、中國人的、日本人的、美國人的，還有現在東南亞新移民的文化元素綜合，鑄造了具有特色的「臺灣主體性文化」。

　　或許，我們在能接受這一觀點之後，我們講「文化認同」，乃至於「國族認同」，就不會顯得那麼遙不可及。

　　那麼，國家發展委員會負責舉辦的經貿國是會議中，結論所說的「為維護臺灣主體性文化」才有可能兌現。（2014.08.05）

土溝里藝術農村的生活美學

　　獲悉臺南市政府力推「公車輕旅行」的造訪後壁區土溝里活動，凸顯政府在平日提供市民搭乘公車往來的方便性仍有不足。我深深覺得縣市合併之後，政府早就更應該盡速完成全境的交通網絡。

　　不過，儘管目前我對政府所努力的縮短城鄉差距仍然不滿意，但是對於規劃和讓市民體驗「後壁土溝里藝術農村」的生活美學，則是令我感到非常驚喜。

　　後壁區位在臺南市最北的邊陲，土溝里又位屬近於後壁區的北方，而緊鄰其南位置的就是我老家安溪寮的三個里（頂安里、長安里、福安里）。它們都位屬嘉南大平原，是我們種植稻米、賴以維生的好地方。

　　所以，當我乍眼看到已長成一大片綠油油的秧苗海裡，出現各種裝置藝術的圖像時，讓我驚豔於土溝里的幻化成一座美術館。

　　據了解，這是近年來「土溝農村文化營造協會」，將村內的空屋、倉庫、廢棄工廠空地，及村子田邊角落作為展場，邀請當代藝術家創作裝置藝術，贏得「村是美術館‧美術館是村」的美譽。

　　我自高中時期出外求學以後，就未曾再有長住安溪寮老家的機會。這次，後壁區土溝里營造成功的在地文創產業，著實令我又驚喜又驚豔，更讓我油然升起一股「稻田不蕪‧我將歸去」的思鄉情懷。（2014.10.12）

鼓藝社與民俗藝術

　　到臺北城市大學上課，在圖資大樓的公布欄，赫然看到學校要成立「鼓藝社」的海報，歡迎對臺灣傳統藝術，尤其鼓勵對打鼓樂器有興趣的同學踴躍報名參加。學校還特別聘請頗負盛名的「宋坤傳藝社」來校指導。

　　我之所以對這則消息感興趣，主要是我在該校開設「文化創意產業」的課程多年，每次我在介紹臺灣的傳統表演藝術時，除了介紹大家都已經非常熟悉的明華園歌仔戲之外，我還會特別舉電音三太子的民俗表演為例。

　　因為，電音三太子的表演再加入了打鼓樂器的創意元素之後，不但增加了它的可看性吸引力，也凸顯了臺灣民俗文化的獨特性。

　　如何加強臺灣歷史文化的教育，除了正式課堂老師的教學之外，在學校各類的課外活動中，增加了與臺灣文化有關表演藝術的社團，亦不失為良好的方式之一。

　　我以一位從事「文化創意產業」的教學者立場，非常盼望臺北城市科技大學「鼓藝社」能夠順利組成，可為培養學生興趣，和對臺灣傳統表演藝術的教育，善盡一份心力。（2014.10.15）

《雨夜花》與流行音樂學程

日前在學校開會，聽了校長提出為什麼學校要開設「流行音樂學程」的報告之後，更讓我感受到相較於中國大陸的迎頭猛追，當前臺灣流行音樂的產業優勢已經漸失。

觀察近年來，臺灣藝人的紛紛參與對岸所舉辦各類型活動，凸顯了流行音樂產業的需要消費性文化市場支撐。

檢視我國《文化創意產業發展法》第三條，除了列舉「音樂及表演藝術產業」之外，還特別再強調「流行音樂及文化內容產業」的這一項目。現代流行音樂已不似傳統藝人，或所謂的「古典音樂」，單純靠個人魅力就足以吸引愛好者。

現代流行音樂勢必與表演藝術，甚至於科技設備的結合，透過舉辦一場場演唱會，來滿足粉絲的需求，不斷地累積普羅大眾的消費能量，才能創造出文化產業的成果來。

簡言之，流行音樂的深入人心，自不待言。追憶起先父在世，在他當選臺南縣模範父親的那一年，我們在後壁安溪寮老家為他所舉行的慶祝餐會上，他老人家在眾多子孫的慫恿和熱烈鼓掌下，獻唱《雨夜花》的這首流行歌曲，最能表露出他老人家多年深藏於內心的坎坷人生，聽了不禁令人動容。

而成為先父絕唱的這首《雨夜花》歌聲，迄今還不斷地會在我的耳邊響起，讓我對他老人家的思念更深了。流行音樂撼動人心的力量，真是不小啊！

　　臺北城市科技大學在臺灣推動文化創意產業的關鍵時刻，適時的推出「流行音樂學程」更顯得意義重大。（2014.10.25）

試為「文化創意產業的範疇」新解

　　近日學校已近期中考週，學生也為準備考試而顯得比平時來得緊張和匆忙。如我預期的學生終於問起：《文化創意產業發展法》第三條之定義、範疇，其中有關範疇部分，法條內一共列舉了包括：

　　「視覺藝術產業、音樂及表演藝術產業、文化資產應用及展演設施產業、工藝產業、電影產業、廣播電視產業、出版產業、廣告產業、產品設計產業、視覺傳達設計產業、設計品牌時尚產業、建築設計產業、數位內容產業、創意生活產業，和流行音樂及文化內容產業等十五種。」學生發問的焦點，凸顯在對上述文化創意產業的複雜分類上。

　　我在我的《文創產業與城市行銷》書裡，曾提到「文化人」、「創意人」，與「產業人」的接軌概念。

　　最近，我在漢寶德教授出版的《文化與文創》新書，看到他更精闢「因產業而創意的文化——如影視」、「因創意而產業的文化——如設計」、「結合創意與文化的產業——如美術」的見解。

　　我想：目前《文化創意產業發展法》所使用的範疇文字，未來修法時，能夠參考先有這三大方面的說明，然後再加以分類，乃至於詳列所屬項目，當會更裨益學生或有志者深入了解《文化創意產業發展法》，更清楚對於其所列範疇的解釋。（2014.10.29）

簡樸孫運璿故居

　　每次得知有圖書館、紀念館和故居的成立或開放消息，不論是官方主導，或是民間自行籌資設置，總會引起我的特別關注，乃甚於在內心深處產生一股震撼力。

　　或許這是與自己所學、所教、所研究的主題有關吧！像日前見到孫運璿故居開放的報載消息，位於臺北植物園後方的「孫運璿科技人文紀念館」，是由前行政院長孫運璿故居的整建而成。

　　有「永遠的行政院長」之稱的孫運璿，是從 1980 年遷入該寓所，直到 2006 年 2 月過世前都居住於此。根據《孫運璿傳》的記載，他是在 1945 年臺灣光復那一年的 12 月，來臺參加電力接收工作，出任臺灣區電力監理委員之後，他的生命就與臺灣的發展凝成一體。

　　特別是在 1978 年就任行政院長，執行計畫在 5 年內分區完成每一縣市的文化中心，以及 1981 年的成立文建會，更奠定了臺灣發展社區總體營造文化的基礎。

　　從「文化創意產業學」的發展在地文化觀點，檢視孫院長的對臺灣貢獻，到政府歷經 8 年的為其籌備整建故居，不禁令人聯想孫運璿精神的在地臺灣化了。（2014.11.01）

圖書館的文創角色

接連高雄市圖書館總館，和新北市圖書館總館的建築完工，以及不久將來的正式啟用，真是令人感到興奮，似乎有著「中華文化復興在臺灣」的氛圍。

不可否認的，這幾來年政府努力的落實地方產業發展，具體的成果逐漸地顯現出來。加上近年來，政府的積極推動文化創意產業，讓文化產業地方化，和地方文化產業化的相輔相成發展，我想政府推動圖書館事業的發展就是最典型的例子。

因為，現代圖書館充分具備了《文化創意產業發展法》中所指出，硬體方面的「文化資產應用及展演設施產業」、「建築設計產業」，以及在軟體方面的「電影產業」、「廣播電視產業」、「出版產業」、「數位內容產業」、「創意生活產業」的功能，最能凸顯圖書館的扮演文化創意產業中的整合性角色。

我自己慶幸 1970 年代在家人的鼓勵下，能夠進入大學專攻圖書館學，而自己又在 1980 年代婉拒了回圖書館界服務，以至於迄今只能說自己勉強是一個圖書館員的「邊緣人」。

所幸多年來我有機會利用圖書館學的理論，應用在教學與研究上，特別是講授「文化創意產業」的課程，讓我可以倘佯於書海之中。

只是現在想到自己曾經有過成立「私人圖書館」，或修建「自家舊居」的念頭，而感到自己的心有餘而力不足時，我不禁又要感傷起來了。（2014.11.05）

研討會與「文創產業學」

連續兩天，各參加了一場研討會，廣義的來說，大抵與發展臺灣的文創產業有關。

昨（13）日的場次由臺灣省諮議會為「臺灣省議會史料總庫」做說明與專題討論，強調該會檔案史料數位典藏的特點，這內容比較接近圖書館資訊學；另一場次是由中國地方自治學會舉辦的「2014 臺灣城市區域國際學術研討會」，城市區域的形成與發展有經濟體的、政治體的、社會體的，更有文化體的。

尤其經由文化的區域化，促使文化在地方生根，唯有文化生活始可能推動全球在地化，各地的文化產業如能與城市區域相結合，形成各自在地的文化創意產業特色，當有助於城市行銷與產業發展。

這兩場的學術交流活動，特別是顏聰玲教授的這篇〈雲嘉南藝文特區的城市聯盟與合作機制〉，勾起我對家鄉嘉南平原的早年記憶，凸顯在地文化所產生的無窮魅力。

「有故鄉，就有城牆；有城牆，就有希望」。我想：我繼《文創產業與城市行銷》一書之後，應該在努力嘗試出版《續集》，來建構完整的「文創產業學」。（2014.11.14）

也談《文化與文創》

　　一生致力於建築與藝術教育的漢寶德教授，不幸於本（11）月20日晚間辭世，個人藉此謹對這位深受景仰的學者表示哀悼之意。特別是，漢教授在他生命的最後時刻，還憂心臺灣發展文創產業的未來，抱病勉力地寫了《文化與文創》一書。

　　漢教授的書中，有這麼一段話：「上世紀末開始，為了向時代精神看齊，文化界傳出『文化產業化，產業文化化』的呼聲。大家很少深究這句話的涵義，只認定是讓文化與產業相融合。

　　其實它的前半句是本意，也就是要求文化工作者要向錢看，把文化當成產業經營。後一句話則是勉勵，希望產業變成文化，乃至於『產業文創化』的文創經濟概念，這要看你如何解釋和定義『文化』二字。」

　　漢教授又接著說：「產業本來就是一種文化，何必又要文化化呢？其實是指『向精緻文化看齊』。

　　這是一種夢想。說這句話表示文化界不是向產業投降，而是與產業相結合。這是不用說的，如果文化成為一種賣點，產業豈有不歡迎的道理？問題是怎麼使文化成為一種賣點呢？」

　　在這裡我不厭其煩地引用漢教授的這一段話，無非是在提醒自己：文創是用文化為體；文創不是要大家不重視文化；文創是希望文化庶民化；文創是要創造文化價值。

　　所以，我關注漢教授所指出的「問題是怎麼使文化成為一種賣點呢？」這是主張發展文創產業者所要努力和警惕的焦點。（2014.11.22）

文資保存與文創產業

第 34 屆行政院文化獎名單有：建築人文學者漢寶德、作家齊邦媛、詩人余光中三人。該獎成立宗旨，係以表揚傑出文化人士「終身成就」的國家級獎項。既然是「終身成就」，得獎者就有可能會出現年齡至少屬於 80 歲以上的長者，但這也正凸顯國家文化獎的得主，除了要出名趁早，累積聲望之外，還要有能活得夠久的生命。

漢寶德生前對臺灣文資保存與修復的重視，讓我回想起 2010 年我應湄洲島國家旅遊度假區管委會的邀請，前往該島參觀，並探討如何借重湄洲媽祖廟，來發展該島的文化觀光休閒產業。

我對於這已被聯合國列入非物質文化遺產的湄洲媽祖廟觀後感是，湄洲媽祖文化雖已有近千年歷史，可是當見到保存與修復過的湄洲媽祖廟，實在很難令人生出一股文化價值的思古幽情。但從信徒對崇信媽祖信仰的感受出發，其所秉持虔誠的一顆心，或許尚能滿足信徒朝拜的不虛此行。

現在湄洲媽祖廟的樣貌，容易讓人聯想 2013 年 11 月，澎湖天后宮的國寶級老廟，被批評修復成類似希臘古蹟。因為原本古舊屋瓦被全部換新，屋脊燕尾及廟身從灰色被刷成全白，修復過程以電鑽拆卸屋瓦，令人擔心這座具有 400 年歷史古蹟的遭遇，會有被整形失真的毀容下場。

透過保存與修復文物資產，再結合觀光旅遊休閒，我想不失為發展具有在地文化特色產業，來促進文創產業發展的策略之一。

　　這時候，我們不禁要為國家失去漢寶德這樣的行政院文化獎人才，深深地感到惋惜。（2014.11.26）

兩岸的媽祖信俗文化

　　兩岸的複雜關係真是剪不斷、理還亂。不過，29 日投票的前一日，我看到一則消息：聯合國教科文組織（UNSCO）保護非物質文化遺產政府間委員會，除了 2012 年已將南韓民謠《阿里郎》列入世界人類保護非物質文化遺產名錄之外，近日又批准北韓民謠《阿里郎》，和南韓傳統音樂《農樂》的正式列入名錄，也難怪朝鮮族自認是一個有歷史文化的民族。

　　對照上述兩岸和南北韓的複雜關係，我記得 2009 年 12 月我應上海社科院和寧波市文化廣電新聞出版局之邀，參加「海峽兩岸媽祖文化學術研討會」。由於三個月前，聯合國教科文組織才剛通過「媽祖信俗」列入世界人類保護非物質文化遺產名錄，確認媽祖信仰或稱媽祖文化成為世界遺產。

　　我據一位與會代表轉述：「媽祖信俗」之所以能入會成功，是因為兩岸合作的結果。因為，如果沒有大甲鎮瀾宮提供歷年來媽祖繞境活動的寶貴佐證資料，單方靠大陸的提出申請，世界人類非物質文化遺產名錄是很難入列的。

　　記取兩岸合作將「媽祖信俗」，以及南北韓《阿里郎》、南韓傳統音樂《農樂》的申列世界人類非物質文化遺產名錄成功案例，臺灣的《採茶歌》、《思想起》、《農村曲》，以及明華園傳統《歌仔戲調》與文創產業有關的資材，如果臺灣可以自行申列，或是仿照「媽祖信俗」的兩岸合作申列模式，都不失為積極發展文創產業的策略。（2014.11.30）

文化部的第一里路

11 月 29 日九合一選舉結果，馬英九總統在確知挫敗後的當晚，宣布江宜樺內閣總辭，後來文化部長龍應台為自己特別舉行告別茶會指出，她決定回到文人安靜的書桌，報飲水思源之情。「文化部的第一里路，只有一次；母親的最後一里路，也只有一次，明年母親即將邁入 90 歲，我希望以更多時間陪伴她走最後的一里路。」

讀了上述的這段話，龍應台所透露的信息，似乎在告訴國人，她擔任過中華民國的首任文化部長，現在下臺正逢其時，更有時間陪伴高齡母親，又可以回到文人安靜的書桌。

能有這想法，和有這能力作出選擇過這樣水準生活的人，我想他們的經濟條件，必須是符合諾貝爾經濟學獎得主史迪格里茲（J. E. Stiglitz），在《不公平的代價》書中所稱，他們就是處在占社會 1% 的高所得人士。

也是最近臺灣出版《二十一世紀資本論》的法國經濟學家皮凱迪（Thomas Piketty）所指，他們是屬於社會中高資本利得收入的一群。

這次選舉也充分反映出，臺灣社會對馬英九主政下內閣的更動頻繁，和施政能力是很不以為然的。如果檢視龍應台所說「文化部的第一里路」的這句話，似乎也只是在凸顯她曾經擔任過這職務的頭銜，而不在乎有沒有為社會做出貢獻。

　　或許可以滿足她個人，浪得如胡適所最喜引龔自珍說「但開風氣不為師」的虛名，可是從國家經濟發展的角度而論，百姓對發展文創產業的期望，恐怕又要落空了。（2014.12.03）

城市區域化的文創思維

昨（17）日夜間在臺北城市大學上「文化創意產業」的課，特別對學生介紹了 12 月 13 日在雲林褒忠大廟舉行的「阿娘，唱予你聽」──李閃＆張文母與子音樂故事集發表會，學生都很受感動，我也順勢要學生了解音樂文化產業化的意涵。

就文創產業化最終的目的而言，任何一種型式的音樂，古典的也好、流行的也好，只要是能感動人，充滿生命意義的「作品」，都期望能透過市場經濟的概念，創造出「產品」的最大價值，這也就是要發揮文化產業化的主要功能。

承上述課程，聯想起「區域化城市」（city-REGION）與「城市化區域」（CITY-region）的有關發展文創產業的議題。「區域化城市」是區域主義觀點，以區域為基礎向內審視，具有二個或以上之相互競爭且相互關聯的城市中心的多中心模式。「城市化區域」則是城市中心觀點，以城市為中心向外前瞻，而具有單中心模式的城市為主體，區域被視為是依賴的腹地。質言之，現在臺灣發展的文創產業是透過「城市化區域」的概念而來。

就以我的老家臺南市後壁區為例，若以青寮「無米樂」、土溝「繪畫藝術」、安溪寮「芭樂水果」、後壁里「冰糖醬鴨」、烏樹林「蘭花」為城市區域化的主軸，再向外延伸白河「蓮藕」特產，以及結合發生於清季張丙販米的歷史事件等等，形塑具有地方特色的文創產業園區，亦不失為再創農村春天的生機。（2014.12.17）

村上春樹的小確幸生活觀

　　畫家郭少宗在北京大學百年講堂開講，其中談到臺灣文化創意產業的現況——「表面上生機活潑，豐富熱鬧，骨子裡低下庸俗，危機四伏」；又說「臺灣的市場雖小，但創意、發明、美學等確有傑出的成績，如法藍瓷、琉璃工房、故宮博物院文創品等。然而，因地方性的功利觀念、激烈競爭、現實掣肘等困境，導引年輕世代偏安於『小確幸』。」

　　郭先生更引用村上春樹的「小確幸」意涵——「人的生活，若只為了消費而消費、為了成功而成功、為了鬥爭而鬥爭的生活，少了透過『自己規制』求出的『真快樂』，那人生不就是乾巴巴的沙漠而已」。

　　檢視戰後臺灣和日本產業的發展，如果沒有美國在冷戰時期為圍堵共產勢力蔓延而提供廣大市場的話，臺灣的經濟發展速度，可能就沒辦法在這麼短的時間之內，順利從農業、工業，轉型到服務業，乃至於現在的發展文化創意產業。換言之，1980 年代以後日本經濟的陷入「失落十年」，再「失落十年」，難怪日本社會因而浮現「小確幸」的思維。

　　因此，可以歸納臺灣發展文化創意產業與追求「小確幸」生活的共同特色是：是要有創意的自主性文化產業、是要有厚實的自主性文化內涵、是要有情感的自主性文化生活，這是我們當前發展文創產業所必須具備的「小確幸」思維。（2014.12.21）

文化的經濟因素之外

　　雕塑大師朱銘的「太極」、「媽祖」、「關公」等著名作品，發生被不肖鑄銅廠，利用接受朱銘委託翻鑄的機會，私自翻製銅模，另行鑄造偽品，甚至還會仿冒朱銘大師的落款，和偽造朱銘基金會的鑑定報告書，來取信民眾，並在市面上流通，以牟取暴利的違法情事。

　　首先，我們要譴責這些被移送法辦的不肖廠商。《文化創意產業發展法》第三條的強調「透過智慧財產之形式與運用」來保護文創產業。就是要藉由智慧財產權來保護人民運用智慧研發創造得出的成果。我們雖然沒有智慧財產權的專法來保障這項權利，但它是散布在《著作權法》、《專利法》、《商標法》，以及《營業秘密法》等相關法令之中。

　　因此，影響臺灣文創產業的經營與發展的因素，不能只是單純的考慮經濟層面的因素而已。雖然我在我的《文創產業與城市行銷》書裡，或在課堂上，常會引用哈佛大學經濟學教授麥基（N. G. Mankiw），其所列舉經濟十大核心概念的選擇、成本、效用、誘因、交易、市場、政策、服務、物價、就業，來說明與文創產業之間的關係。

　　我的看法是：既談「文創」，就不能光談「文化」，且又是結合「產業」，更不能不論及與經濟學的關係。朱銘大師這次文創工藝作品的被仿冒成偽品買賣事件，除了凸顯臺灣發展文創產業在考

慮經濟因素之外，還要重視保護智慧財產權的法律學。文創產業學的涉及跨學科整合理論，課程的內容更豐富、更精采了。（2014.12.24）

建構臺灣生活一日圈

馬政府的毛治國組閣時，文化、科技等兩部長有勞請原任的政務次長「暫代」，現在時間已過了近一個月，不但新的部長人選尚未產生，卻又發生交通部長葉匡時，因高鐵財務改革案未能在立法院過關而請辭獲准，毛內閣又多添了一位政務次長的「暫代」部長。

我從城市區域文創產業發展的角度而論，高鐵所建構形成臺灣生活一日圈的效用，是有其正面的意義。現在政府和民間積極配合社區主義趨勢的總體營造，推展具有地方文化特色的創意產業，期望結合觀光休閒產業為地方經濟開出一條活路來，高鐵帶來臺灣一日生活圈所串起的產業鏈，對型塑城市區域文創產業的成功與否扮演著關鍵角色。

我不是說臺灣高鐵公司不能倒，而是關心臺灣城市區域文創產業的發展，能不能為臺灣凋敝的地方經濟帶來生機。我關心馬英九總統的用人風格，和毛內閣的執行力。馬總統應是自稱最師法「蔣經國精神」的好學生。

我身邊一直珍藏一張蔣經國總統帶著秘書長、農委會主委，到臺南縣關心農民生活的照片。蔣經國總統有個習慣，他對於表現優異的卸任縣市長，通常會先派到部會擔任政務次長，歷練過後，再請其出任部長。而且，人事發布的時間點也都特別喜歡選在農曆年前，一則讓舊人安心過年，二則讓新人展新局。

　　所以，我建議馬總統和毛內閣，眼看農曆年將屆，是內閣改組的好時機，以免「毛內閣」淪為「暫代內閣」之譏，而誤了國家大政。（2015.01.12）

借鏡韓國影視產業

臺北捷運給大家帶來的便利，不禁使我回想起 30 多年前，我首次體驗乘坐韓國漢城地下鐵快速的驚奇，也讓我聯想到閱讀了考試委員周玉山（茶陵）發表在《中國時報》的大作——〈漢江畔的凝思〉。

回溯冷戰時期，大韓民國與中華民國之間的友好關係，也可說為遭遇國運相同的患難之交。尤其是在 1961 年至 1979 年的朴正熙執政時期，與中華民國的經濟發展同為亞洲四小龍之一。1992 年韓國與我國斷交，周文中稱「當時的韓國外長即稱，假如不與大陸建交，到了二十一世紀，亞洲四小龍，第一個除名的，就是韓國。現在，韓國是世界第十大經濟，最大的貿易對象是大陸，猶勝美國與日本。因此，犧牲與中華民國的邦交，算什麼呢？」

然而，檢視韓國自與中國大陸建交之後，經濟的發展也並不是因為有了大陸市場就一帆風順，特別是在 1998 年爆發的「亞洲金融風暴」，幾乎導致韓國經濟的破產。所幸，韓國發揮了「民族的底力」（我至今還保存著 30 年前我在漢城中區小公洞買的，朴正熙寫這五個字的複製墨寶），很快地搭上中國經濟崛起的班車，造就了今天韓國的國民所得已經超越了臺灣。亞洲四小龍被除名的已不會是韓國，而可能是我們現在還陷入兩岸經貿困境的臺灣。

韓國曾先後歷經朴正熙時代的「去漢字」，和 2005 年漢城改名首爾的「去中國化」，但這並不影響韓國政府推動文創產業的決心，試看「大長今」等作品現在仍然是在華文世界大放異彩。

　　韓國集中全力發展影視文創產業所帶動經濟成長的經驗，值得我們借鏡。（2015.01.28）

繁體漢字的鮮明視覺特色

昨（28）日是李國鼎的冥誕紀念日，由他一手創辦資訊工業策進會舉辦「李國鼎資政紀念演講會」，邀請前行政院長、現任中華文化總會會長劉兆玄以〈漢字再一次書同文〉為題發表演講。李國鼎素有「臺灣科技之父」、「科學園區推手」的雅稱。早年我寫〈臺灣產業發展中的政府角色分析〉論文，大量閱讀有關李先生的大作。我有一段時間在國立臺北教育大學兼課。當時我帶著學生到學校附近科技大樓，參觀李國鼎科技發展基金會為李先生舉辦的展覽。承蒙主辦單位送我一套《國鼎叢書》，和一冊《李國鼎先生紀念文集》。

劉會長講演中提到，希望傳承李國鼎推動第六倫「群己關係」的精神，以及李國鼎致力推動兩岸漢字（正體字與簡體字）整合的理念。回溯李先生推動的「群我倫理運動」，最先是 1981 年他應邀在中國社會學社年會演講，有感於臺灣社會的日趨沉淪，一個國家不可能長期保有進步的經濟和落後的國民，遂提出「第六倫」，並獲孫震等人士的回應。對照現在發生頂新、遠雄等企業的攸關經濟倫理事件，我們不得不佩服李先生的先見之明；同時我更敬佩李先生是「把生命與智慧奉獻給這片土地的異鄉人」。另外，兩岸漢字從「傳統漢字」與「簡體漢字」的走向整合之路，要從部首一步步改進，經過政府認證，透過教育整合。劉會長提出要以王道及民主的方式創造史上第二次「書同文」的成就，我是深深給予祝福。

我認為當前更重要的是：文字既然是文化的載體，漢字又是世界上唯一「視覺辨識」的文字，我們應當鮮明繁（正）體漢字的特

性，透過文化部協助國內視覺藝術產業，發展具有優勢的臺灣視覺
文創產業，或許是現在政府立即可以做的事。（2015.01.29）

創意創業與文創

　　這次行政院國家發展委員會主委管中閔的請辭,毛治國院長派行政院政務委員兼創新創業政策會報執行長杜紫軍接任。國發會執掌國家重大經濟發展的業務項目,早就設置有攸關產業發展部門。如果再加上這次補實的文化部政務次長人選,創意創業與文創的三者一體,似乎讓我們見到文創產業發展的一片曙光。

　　猶記得前幾天國發會管主委才到臺北市政府與柯文哲市長相談甚歡。報載,柯市長已經接受了管主委提出創意創業園區設置在原花博地點的構想。管爺應該會有點成就感,怎麼還會辭意甚堅呢?而且還引陸放翁〈劍門道中遇微雨〉:「衣上征塵雜酒痕,遠遊無處不消魂,此身合是詩人未?細雨騎驢入劍門」闡述心境。然而,究其離去的主因,還是他念茲在茲《自由經濟示範區》未能在立法院完成立法程序,以至於他憂心影響臺灣經濟的發展。

　　《自由經濟示範區》讓人見到「自由經濟」字眼就容易聯想要求「公平正義」的氛圍。《自由經濟示範區》要在這個時候通過,就誠如管爺說的「當大環境如此的時候,他了解到自己的侷限」。回溯 1960 年代,我們官員忌諱提到「自由」或「自由經濟」字眼,當時臺灣實行的經濟就稱為「計劃性自由經濟」;「自由貿易」就稱「正常貿易」、「國營企業」稱為「國營事業」。國營事業或黨營事業是配合政府政策來發展經濟,是不以營利為目的的。

　　曾幾何時,物換星移,現在轉由我們的政府擬訂《自由經濟示範區》來發展經濟。只是當我們將創意創業與文創三者整合,如果

沒有由政府來協助推動「自由經濟」概念，我們的文創產業能夠順利地走出一條路來嗎？（2015.01.30）

中影文化城的電影產業

　　奧斯卡國際大導演馬丁・史柯西斯本於本（1）月 30 日，在中影文化城開拍遠藤周作名著《沉默》，卻在這前一天發生搭設場景的倒塌。好不容易有知名導演願意選擇來臺灣拍片，這部片子又是描述 17 世紀日本幕府，如何因應西方宗教傳入對社會所造成的衝擊，如果能對照當時的臺灣社會處境，或許也有助於國人對這一段臺灣歷史的了解與省思。

　　中影文化城的部分場景，建造歷史都已超過 40 年光景，對臺灣早期電影工業的發展也有相當程度的貢獻。我們也都有機會進中影文化城，參觀電影的拍製過程，縱使晚近的 1980、1990 年代，我們都還會帶小孩到中影文化城去郊遊或野餐。當時的中影文化城儼然是臺灣反共文化的基地。我在 1960 年代中期以後，出外求學，有了比較多的機會接觸電影，特別是在大學階段，學校代聯會都會利用星期三、或星期六的晚上，在學校由蔣宋美齡題字的「中美堂」播放影片，當然也少不了由中央電影公司在中影文化城拍成的電影。比較現在的中影文化城在歷經幾次易主之後，已不復昔日規模與風光，更不必肩負政治宣傳的任務了。

　　然而，現今中影文化城的發生倒塌事件，也凸顯臺灣電影產業已面臨生死存亡的檢討時刻。文化部現也補實了邱于芸、陳永豐二位政務次長，部長洪孟啟也對外表示，文化部未來將推動兩大業務，一是影視，另一文創與科技結合領域，故分別找尋相關專長的陳永

豐與邱于芸，協助推動。文化部的發展臺灣電影文創產業，就讓我們拭目以待吧！（2015.01.31）

倪再沁的臺灣美術主體性

　　前省立臺灣美術館館長倪再沁不幸病逝，生前他留給大家最深刻印象的，除了他曾先後歷任東海大學文學院院長、創意設計暨藝術學院長，以及曾經擔任過行政公職之外，當屬他在《雄獅美術》雜誌發表「臺灣美術主體性」所引發的一場論戰。如今他壯志未酬的還有念茲在茲希望成立「臺灣流行音樂學院和博物館」。

　　臺灣流行音樂之所以是臺灣文創產業的強項，我們只要從近日銷售演唱會門票的「江蕙現象」即可窺出端倪。這讓我想起有「臺灣小旋風」之稱的林志穎，1992 年當他 17 歲出道那年唱紅的〈十七歲的雨季〉。

　　我認識林志穎是經由他父親林德雄的介紹，當時我家小孩還念國小，非常喜歡聽林志穎的歌，當他在桃園開演唱會的時候，我們兩家人還特地從臺北一起趕去。

　　也因為這層關係，當 1996 年林志穎快服完兵役的時候，有次德雄兄向我談起志穎在軍中生活的趣事，因而催生志穎出版了《大兵日記》一書。我也曾利用我在中央廣播電臺主持「知識寶庫」單元的時間，邀請林德雄、林志穎上節目談他們父子之間的生活點滴，和志穎如何走向演藝之路，節目播出之後，引起聽眾很大的迴響。

　　回憶志穎演唱事業的崛起，與他 18 歲那年唱的臺灣流行音樂有密切關係，現在能大陸順利地發展，凸顯了臺灣流行音樂在華人世界中是極為重要的發展文創產業元素。

　　臺北城市科技大學也因而特別設立流行音樂學程，積極為臺灣培養優秀的流行音樂人才。（2015.02.02）

郎靜山攝影藝術

　　今（17）日開展，由郎靜山藝術文化發展學會、國立歷史博物館聯合舉辦的「名家、名流、名士：郎靜山逝世 20 周年攝影紀念展」，讓人更懷念起這位一代攝影大師的藝術文采和風範。1970 年代後期之後，我定居在緊鄰羅斯福三段的溫州公園，每當我到臺灣大學運動場散步，或附近書店閒逛，就常會在 86 巷遇見郎先生身穿一襲長衫（袍），悠然地走過來。

　　郎靜山大師的風範早盛名在外，加上他仙風道骨的特徵，我很容易就可以辨識出來。這名人巷，我還會經常碰見臺靜農、陳奇祿教授等人。印象更深刻的是還可看到巷旁高掛的「林絲緞舞蹈教室」招牌。我會特別注意「林絲緞舞蹈教室」，是因為我在大學唸書階段，就買了文星書店在 1965 年出版的林絲緞所寫《我的模特兒生涯》一書。在那個還是有禁書的年代，越是被禁的書，越是容易引起大家的好奇。

　　林絲緞的《我的模特兒生涯》雖不是禁書，但她是當時民風尚稱保守的臺灣第一位專業人體模特兒，書中附的藝術照片，也是吸引我買該書的原因之一。我重讀林絲緞的《我的模特兒生涯》，發現林絲緞自述她進入攝影界的開始，第一次服務的這位攝影家，就是雕塑家楊英風介紹來的郎靜山先生。我特地又上郎靜山藝術文化發展學會的網站，果然在「人體攝影系列——回顧」，印證 1970 年郎先生曾拍攝林絲緞模特兒的珍貴照片。另外值得一記的是，臺灣攝影大師鄧南光、柯錫杰等人也多為臺灣第一位人體女模特兒林

絲緞留下美麗畫面，也豐富了臺灣攝影藝術的視覺文創資產。
（2015.02.17）

木村拓哉的《華麗一族》影集

　　木村拓哉這次是繼去年福山雅治，以「親善大使」名譽，應我國觀光局之邀，為臺灣拍攝宣傳影片，在旋風式來臺停留期間，確實造成粉絲的一股轟動。我注意到木村拓哉，是在他拍攝許許多多有名的連續劇和電影中，特別注意到 2007 年由他擔綱，已是第二度被改編《華麗一族》的電視影集。山崎豐子的《華麗一族》小說一出版，便被改編成電視連續劇，並於 1974 年改拍成電影。

　　談起最早我對對於這位小說家山崎豐子作品的認識，也要追溯1972 年 3 月余阿勳交由漢文書店印行的《日本文壇散記》一書。該書出版的隔月，我即從我當時念書學校對面的新葉書局，以新臺幣 22.5 元買得。每每當我翻閱它已掉落的封面時，我更加小心翼翼地觸摸，我擔心也會掉落那些多年前，我文青時代的酸甜苦辣記憶。

　　《華麗一族》是以 1970 年代日本面臨跨國金融機構激烈競爭的影響，即是以萬俵財團的家族史為主題，展開祖孫三代之間的家庭關係，以及日本複雜的政經糾葛。從木村拓哉主演的《華麗一族》連續劇，除了可以欣賞木村拓哉的精采演技之外，更讓我們理解到萬俵家族如何從複雜的家庭關係中走過來，這就是山崎豐子小說最擅長的說寫。山崎豐子於 2013 年 9 月過世，在她 88 年的人生歲月中，她說：「睡着也好，醒來也好，腦海中只有『小說』這件事。」造就她成為日本國寶級小說家。我喜歡山崎豐子在《華麗一族》中對於家族奮鬥發展歷史的描述，但我不喜歡她對家族成員過度複雜

關係的刻畫。然而，或許這正是木村拓哉主演《華麗一族》叫座又
賣座的成功關鍵因素呢！（2015.07.15）

福建行的安溪側記

2016 年 5 月 4 日搭華信班機從桃園國際機場出發，10 點 30 分抵達廈門高崎機場，準備參加隔日舉行的「第十二屆海峽旅遊博覽會」，與「第三屆兩岸鄉村旅遊圓桌會議」。午餐過後，13 點 30 分出發到我們參觀的第一站，海滄「騰邦欣欣產業園」。

第二站參觀青礁村慈濟保生大帝宮，與我多年前在漳州白礁村保生宮、臺北保安宮不同的是，有座保生大帝的石像矗立在保生大帝宮背後高山的不遠處。第三站是參觀青礁村社區，有多位臺灣來的，在這裡經營創意小商店，或是觀光工廠。

5 月 5 日開始「第三屆兩岸鄉村旅遊圓桌會議」，首先是「海峽海岸及港澳地區旅遊攝影大賽」頒獎儀式。接著，觀賞兩岸鄉村旅遊發展的宣傳片之後，展開「兩岸鄉村旅遊圓桌會議」，來自兩岸的八位學者專家聚焦四大主題，分享最具專業與實務的鄉村旅遊發展經驗。會議最後正式宣讀了《鄉村旅遊扶貧共識》，達成了以「精準扶貧、精準脫貧」為目標，推動金融扶貧、產業扶貧、企業扶貧、全局扶貧、智能扶貧」等的鄉村旅遊發展共識。

5 月 6 日上午 8 點 30 分搭車前往廈門國際會展中心的旅遊博覽會會場，主辦單位為我們安排的是參觀主要來自大陸各省、各縣的攤展，我特別走到福建安溪縣的攤位，看了有關安溪旅遊的介紹，他們聽到我來自臺灣的安溪，特別送我「海峽兩岸清水祖師文化節暨首屆世界（安溪）清水祖師文化聯誼會」的 CD、DVD，和安溪清水岩管委會出版的《清水祖師現代感應故事》一書，並歡迎我回

安溪旅遊，一覽清水岩景區的青山綠水，和清水岩寺的莊嚴景象。
清水祖師信俗已被中國大陸列為國家級非物質文化遺產。

　　下午前往漳州南靖，南靖土樓的「兩群兩樓」係指田螺坑土樓
群與河坑土樓群的「兩群」，和懷遠樓與和貴樓的「兩樓」。懷遠
樓堂上懸掛的橫匾刻有行楷的「斯是室」，兩邊柱子上有副對聯，
上聯是「斯堂詎為遊觀計敦書開耳目」，下聯為「是室何嫌隘惟思
尚德課兒孫」。

　　再走雲水謠古道，我們步行到建築在沼澤地上的和貴樓，因其
具有極高的歷史、藝術和科學價值，被譽為「東方古城堡」，2008
年已被正式列入《世界文化遺產名錄》。和貴樓用閩南語音唱「厝
包樓，子孫賢；樓包厝，子孫富；和貴樓、和貴樓，大富大貴大土
樓。」

　　停留在和貴樓的時間，我特地選一處可以坐下品茗的小舖。離
去時，還特地買了我先祖居地安溪出產的鐵觀音，雖然我在臺灣習
慣喝阿里山的綠茶，但是這次買的安溪鐵觀音茶，甚至於 5 月 7
日上午回程的廈門高崎機場候機時，也在茶莊品嚐安溪的茗茶，皆
在聊慰我這次未能返回安溪老家的尋根之憾。因而，這次廈門行的
安溪文化記述也勉強只能以側記書寫。（2016.05.13）

後壁長安社區的創意鄉村旅遊

　　猶記得臺灣在 20 年前，政府積極推動「社區總體營造」，其主要著眼於文化當成社區再發展的契機，將文化資產當作這個社區經濟活動的基礎。但是一個經濟活動的資產不能單靠這元素，還要透過活動，而且整個公共空間要改善，整個社區意識要形成，再加上地方上的產業、土產，和社區環境的改善、地方生態保育的維護，建構成一個社區性的文化整體發展。

　　或許以往由文建會統合推動「社區總體營造」的具體成果，很難在短時間內可以呈現。所以，「社區總體營造」概念，近年來比較少見，起而代之的是分由各部門針對主掌業務來進行，例如由農業單位推動的「社區農村再生」最為大家所關注。

　　就以我的家鄉臺南市後壁區為例，目前除了比較具知名度的菁寮無米樂社區，和土溝藝術村社區之外，長安社區的發展也逐漸展現具有在地特色創意的鄉村旅遊風貌。多年來，長安社區不但從基礎環保邁向兼具生態的永續社區，特別是社區林家祖厝前的芙蓉埤塘，已開發成一處生態公園。埤塘內則種植水生植物，吸引鳥類、青蛙、蜻蜓等動物棲息，晚上還可看到螢火蟲。社區居民利用社區的一棵老山芙蓉樹當母株，在埤塘周圍種滿山芙蓉，「芙蓉埤」因而更負盛名。

　　長安社區在完成社區基本生活環境的條件之後，也開始將該社區的產業特色做結合，進而發展鄉村旅遊的活動，例如去（2015）年就曾舉辦「長安稻米產業農事體驗暨五分車小旅行」一日遊。

　　活動時間和內容包括：08:30 新營火車站報到＆出發，09:00-10:00 參觀長安社區古井群、古井文化巡禮及解說，10:00-12:00 在社區活動中心，體驗社區米食古早菜粿、稻草編 DIY，午餐享用社區米食與創意甜點，13:30-14:30 烏樹林糖廠五分車站搭坐五分車悠閒遊，14:30-16:30 參觀臺糖烏樹林休閒園區、鐵道動態故事館、五分仔家族、古早黑糖解說，16:30 活動結束。

　　現在的後壁長安社區已經逐步完成它的創意鄉村旅遊風貌，未來期待的是能創造出更大的經濟效益，來達成「文化產業化、產業文化化」的社區農村再生目標。（2016.05.21）

後壁區的從茄芷袋到台客包

　　近年來，常常有機會看到各媒體對於我家鄉——「冠軍米」和「茄芷袋」的報導，總讓我覺得自己身為一位臺南後壁子弟，而出門在外打拼的人感到與有榮焉，也深深感受到現代傳播媒體影響力的無遠弗屆。

　　設想當前後壁區出產的「冠軍米」，如果沒有「無米樂」紀錄片的拍攝播出，正如「茄芷袋」，如果沒有「台客演唱會」以它為圖騰，這兩項的產品也很難在市場上打開知名度，更別想在稻米業和手工藝業佔有一席之地。

　　對於我出生於 1950 年代鄉下的小孩而言，稻禾和藺草都有過難以褪去的記憶。小時候，母親曾經要我們小孩跟著她一起在稻田裡拔草，但藺草的葉莖狀都極像稻禾，當時我並不是很能分辨得出來，母親雖然會不斷地叮嚀：藺草的莖部呈三棱形，會開有聚傘花序的綠褐色小花，但我有時候還是會大意的將藺草誤認為是稻禾而忽略過，總是還要母親費神的伸長身手將它拔除。

　　使用藺草編織成的「茄芷袋」，在未被「塑膠袋」取代之前，是臺灣農村社會生活上的必需品。我念小學的時候，我們班上還是有多位同學是提著「茄芷袋」當書包，以用來放置書本、便當和其他用品。由於當時臺灣經濟還處在貧窮的年代，「茄芷袋」給我留下最深刻印象的是，有一次我家埕前來了一對行乞的祖孫，孫子牽著失明的祖父，祖父肩上挑著一枝掛有「茄芷袋」的扁擔，母親見

狀，即刻喊我，要我拿出屋裡的兩個甘藷，裝進這老人家的「茄芷袋」。當時這對祖孫的感恩情景，迄今還印在我的腦海裡。

母親是如此地教導我，現在我回想要是當時我家的經濟能好一點，還存有一點多餘白米的話，相信母親除了會給甘藷之外，也會願意給些白米讓我裝進這「茄芷袋」，好讓他們祖孫也能享有一餐甘藷加上白米的飯食。

現在將近一甲子過去了，家鄉出產的稻米和「茄芷袋」，在經過市場的不斷挑戰之下，終能開創出「冠軍米」和「台客包」的「客製化」（hospitality）文創商品，得以因創新而繼續生存下來，也印證了企業管理上的「只有夕陽產品，沒有夕陽產業」這句話。（2016.07.01）

第四部分　歷史檔案

記《輔大新聞》被改組的切身事

　　文化部積極推動「國民記憶庫：臺灣故事島」計畫，提供國民口述生命故事，讓我想起 1970 年代初期，當時臺灣還是戒嚴時期，而且中華民國剛退出聯合國，校園裡的學生也都為「風聲、雨聲、讀書聲，聲聲入耳；家事、國事、天下事，事事關心」而熱血沸騰。

　　我當時參與《輔大新聞》的編輯工作，我們的陣容有化學系的蔡社長、社會系的周總主筆、哲學系的蘇總編輯、經濟系的葉總經理、歷史系的蔡採訪主任。

　　我們辦了幾期之後，因為刊出的部分內容對時局多所批評，而未被校方接受，導致刊物被迫改組，我們這一夥人也就被解散了。

　　而我當時還有一篇名為〈開拓凜然新氣勢〉，原已在《輔大新聞》排好版面，而被迫無法刊出，也就只好存留作紀念，迄今我還珍藏著。

　　這是我在大學時期發生一件言論受到箝制的切身事，臺灣社會當時還處於威權統治的戒嚴階段。1987 年臺灣宣布解嚴之後，臺灣邁向民主社會的時代，這種事希望永遠不會再發生。（2014.07.18）

《蔣中正日記》在臺灣

　　報載，監察委員為調查郭廷亮被指涉及匪諜案入獄，歷經兩年蒐集資料，並兩度赴美國史丹佛大學胡佛研究所抄錄《蔣中正日記》。

　　據了解史丹佛大學於去（2013）年已向加州聯邦法庭遞交訴狀，尋求法庭諭令蔣家後代，依循法律途徑解決所有權的歸屬爭端。

　　《蔣中正日記》既是私家所有，又不屬公共財，外人本無權置喙，只是《蔣中正日記》至關中華民國發展史。如果《蔣中正日記》能保存在臺灣，當更有助於釐清臺灣在戒嚴時期的許多爭議性歷史事件。

　　我曾經兩度在中華檔案暨資訊微縮學會與中國檔案局共同舉辦的研討會中為文，呼籲政府委由中央研究院、國家檔案局、中國國民黨黨史館，乃至於民間團體的相關單位介入協調解決，早日促使《蔣中正日記》回到臺灣，永久保存。（2014.07.19）

「牡丹社事件」釋疑

　　臺灣「牡丹社事件」是近代以來，第一次外國勢力從南方海岸侵入臺灣的涉外性治安議題，我在整理《臺灣治安史的結構與變遷》一書時，寫到清治臺灣時期的涉外性治安，深深感受到這一事件，對影響臺灣歷史的發展非常深遠。

　　可是現在政府的氛圍，似乎有意忽略「牡丹社事件」的重要性。牡丹社事件」發生於 1874 年，距清朝開始統治臺灣的 1683 年，已經超過整整 190 年。

　　時間稍往前推 7 年，也就是 1867 年，最令我感到納悶的是：當時負責調查美船羅發號（Rover）船難的臺灣道吳大廷，怎麼還會認為「在生番界內，其行『劫』之兇犯，並非華民，該處乃未收入版圖，且為兵力所不及，委難設法辦理」的荒唐說詞。

　　導致參與交涉的美國官員李仙得（C. W. Le Gendre）理直氣壯的主張，「南臺灣土著屬於非文明的無主狀態」。這已為 1895 年日本帝國主義侵略的取得臺灣，埋下了遠因。

　　「牡丹社事件」是標準的日本與美國聯合侵害清朝主權，和製造臺灣悲慘命運的始作俑者，不禁要令熟悉這段歷史，研究臺灣政治經濟思想史的大學教師，也擲筆長嘆：「臺灣人的悲哀！」（2014.07.20）

《臺灣新生報》與臺灣新生

　　日前閱讀到好友郭信福秘書長，對自己曾經奉獻服務過的《臺灣新生報》，發表了頗為感慨的文字，我曾回應「《臺灣新生報》，是有歷史有內容高格調的一份報紙」。我的理由是：

　　1.有歷史，《臺灣新生報》的前身，可溯自 1898 年購併他報成立的《臺灣日日新報》，經過了近 50 年的長時間之後，1944 年 3 月才在臺灣總督府軍部的壓力下，與《臺灣日報》、《臺灣新聞》、《興南新聞》、《高雄新報》、《東臺灣新報》等報合併，改稱《臺灣新報》，委由大阪《每日新聞社》派員經營，這是日治臺灣末期實施戰時體制的宰制言論作法。戰後，根據謝東閔在《歸返──我家和我的故事》的記述，依其建議改稱《臺灣新生報》。

　　2.有內容，誠如郭兄文內所言：「在民國三十四年到三十八年之間，國民政府尚未播遷來臺的一段時間裡，完整而獨家的紀錄臺灣歷史的一份報紙」，這句話從白先勇於今年 3 月剛出版《止痛療傷──白崇禧將軍與二二八》一書，在〈史料選輯〉的這部分裡，大量收錄了《臺灣新生報》當時所刊載的原文，可以充分得到印證。

　　3.高格調，回憶我在 1970 年代末期，我有機會在新聞界大老馬星野主持的會議中，與當時擔任《臺灣新生報》社長的石永貴，和後來也出任該社社長的沈岳等新聞界人士，多次一起開會和研討議題，讓我對他們這一代報人的處事風格，和豐富的學識，敬佩不已。（2014.07.22）

張道藩與蔣碧薇

　　臺北市溫州街 96 巷不如 86 巷住了那麼多的名人，如文學大師臺靜農、攝影大師郎靜山等等。而且，溫州街 96 巷也隨著因辛亥路的拓寬，被變更為羅斯福路 3 段 283 巷，特別是臺電停車場內的一棵「加羅林魚木」聞名，每逢開花時，層層疊疊，花朵顏色有白有黃，像極了醉蝶飛舞一般。

　　當 1979 年我住在那地方附近的時候，還常會接到收信地址寫的是臺北市溫州街 96 巷 10 號。後來我聽同事談起，溫州街 96 巷的知名度其實不會輸給 86 巷。特別是，溫州街 96 巷 10 號的房子，在未改建之前，是一戶日本式的建築。

　　1949 年跟隨國民黨政府來臺的文化名人張道藩先生，就曾經在此住過，直到 1959 年他遷出後才被改建。檢視張先生最風光時期的 1952 年 2 月至 1961 年 2 月擔任立法院長期間，我參閱張道藩所寫《酸甜苦辣的回味》的記述，綜合推算他住在溫州街 96 巷 10 號的時間，應該是從 1949 年年底到 1959 年 5 月間。

　　在這段日子裡，張先生可能與他的法籍元配太太並未在一起。蔣碧薇女士雖然於 1945 年底，在大陸就已經和她的畫家先生徐悲鴻離婚，但是來臺灣之後的張道藩與蔣碧薇，也可能只是以「密友」身分，在溫州街 96 巷 10 號相伴進出。

　　至於，他們是否在這獨院日式平房的右邊門牌掛「張道藩寓」，在左邊的門牌掛「蔣碧薇寓」，這目前我尚未發現有進一步的歷史文獻資料可供查證。（2014.07.29）

西川滿的皇民文學

　　報載，國發會主委管中閔在經貿國是會議總結報告指出，外界擔心與中國大陸日益頻繁互動，將給臺灣帶來負面影響。他特別提到，將儘速完成兩岸協議國會監督法治工作，且為強化國安風險管理，兩岸協議洽簽時，應建立國安審查機制，每年發表兩岸風險紅皮書，建立風險管理意識，為維護臺灣文化的主體性，也將制定「文化影響評估」的法源、程序與方法。

　　仔細拜讀管主委的一段總結，特別引發我關注的是「為維護臺灣文化的主體性」。我想在總結文中，之所以會出現這一句話，正凸顯臺灣社會到現在還存有「文化認同」與「國家認同」的議題。

　　先父親民國 7 年（1918）出生於日本統治臺灣時期，他受日本教育，我的二哥、大姊出生在殖民政府推動皇民化，西川滿主導「皇民文學」的階段。所以，二哥、大姊的名字都充滿了日本風味。

　　1960 年代中期，我念臺南後壁中學初三的時候，在週記上批評導師。導師是跟隨國民黨政府來臺的江蘇人，他對我在週記上批評他，感到不高興，要家長第二天到學校來。可是先父只會講日語和閩南語，只能透過另一位老師從中協助翻譯。

　　父親與導師之間顯然存在著「文化認同」問題。至於「國家認同」就舉同天新聞報導：中國國家漢辦主任許琳在歐洲漢學學會雙年會上，要求將大會手冊上關於臺灣蔣經國國際學術交流基金會的廣告頁撕去。

　　這新聞似乎暗示：「為維護臺灣文化的主體性」在哪裡？兩岸
關係發展的困難就會在那裡！（2014.07.30）

監獄文學與臺北刑務所

爭議是否拆除「臺北刑務所」的最後遺址，日昨在法務部執意淨空房舍，歸還國產署的號令下拆除。

臺北市文化局所持的立場是，「臺北刑務所」遺址的圍牆 TR 磚會保留，城牆石地基也會原地保存，不論是設計鋪面、遺跡等，都可作為史蹟公園的一部分。

如果這已經成為是「臺北刑務所」遺址的最後結局。藉此，我想建議：新的整體建築案，可否規劃一空間，特別成立「臺灣治安史研究中心」，或是「臺灣監獄文學研究中心」。因為，「臺北刑務所」是臺北城市發展的一部分紀錄，是臺北市民集體的記憶。

檢視「臺北刑務所」成立的歷史軌跡，1896 年日本殖民政府從接管來的清朝參府衙門，修補成為「臺北縣臺北監獄」，嗣經改名，在 1924 年定名「臺北刑務所」；1945 年臺灣光復，改名「臺灣臺北監獄」，1963 年監獄被遷移他處。

據了解，該地方除了是二戰期間日軍關押與處決盟軍戰俘的處所之外，先後進入該處所「進修」人士包括：日治時期的羅福星、蔣渭水、賴和、林幼春、王敏川、王雪紅、簡吉、翁澤生，乃至白色恐怖時期的鍾逸人等等。換言之，這百年來的「臺北刑務所」，是伴隨著近代臺灣治安史的演變。

如果將來，在「臺北刑務所」的遺址上，成立「臺灣治安史研究中心」或「臺灣監獄文學研究中心」，更饒富歷史性、文化性與教育性的意義。（2014.08.07）

《博物館法》與蚊子館之譏

　　8 月 7 日行政院通過《博物館法》（草案），並已優先排入下期立法院議程。文化部長龍應台表示，《博物館法》象徵臺灣現代化的進程與文明的刻度。

　　龍應台的這番話真可說是語重心長，或許現在與 30 年前的時空環境大不相同。1970 年代蔣經國擔任行政院長推動「十大建設」之後，續推「十二項建設」的最後一項，就是在每一縣市建立一座文化中心，包括圖書館、博物館、音樂廳。但有部分縣市文化中心因經費問題，致使內部的建物與設備未至齊全，但仍有 19 座文化中心勉強完成，只是後來多閒置，流於養蚊子，遂被譏諷為「蚊子館」。

　　回溯 1974 年 9 月，我在《大學雜誌》發表的〈臺灣公共圖書館事業發展的障礙在那裡？〉一文就指出，當時臺灣社會對於設置圖書館的意義與目的為何？一般人對它的認識都不是很清楚，導致部分圖書館和後來興建完成的文化中心，未能發揮它應有的功能。

　　所以，1980 年代初期，我本有機會回到故鄉臺南縣圖書館服務，但是家人認為我留在臺北發展應該會比較理想，我也在衡量當時社會氛圍之後而決定作罷。

　　現在 30 年過去了，物換星移，政府不但依據《文化創意產業發展法》，來協助文化創意產業的發展，何況推廣博物館典藏創意加值，及跨域應用推廣業亦屬發展文化創意產業的重要一環。

　　未來的通過《博物館法》當更有助於產業發展的軟實力。在高雄發生氣爆影響臺灣石化產業發展的這個時刻,更凸顯文化產業對國家經濟發展的重要性與迫切性。（2014.08.12）

《文訊》史料數位化的歷史意義

《文訊》雜誌成立至今已有 31 年之久，檢視其發展歷程，基本上可分為二個主要階段。第一階段 1983 年至 2003 年，是由中國國民黨主導下的一個文宣單位；第二階段是從 2003 年起，由臺灣文學發展基金會接辦迄今。

換言之，《文訊》第一階段發行期間的資料，正是介於臺灣在 1987 年 7 月，宣布解嚴前後的重要時刻，對於中華民國的任何一位國民，或是研究臺灣發展歷史與變遷的國內外學者而言，都是非常值得參考的重要文獻。

經營一份雜誌本屬不易，第一階段的《文訊》經營，或許因有固定經費的支持，才得以支撐過 20 年，但我們不能因此就忽視這份雜誌的重要性，和為我們所紀錄下的珍貴史料。

猶記得 40 多年前，我還在大學唸書的時候，曾經有機會在一家雜誌社擔任助理編輯，工作了幾個月之後，老闆遲遲未能發給我薪水，我也感受到老闆經營上的困難。

不過至今，我還是非常感念他給我大學時代打工的機會，現在我還一直保存該雜誌社發給我的服務證。轉型後的《文訊》雜誌主事者，其所具有的文創產業經營理念和精神都令人敬佩。

這是一個資源共享的時代，我衷心期盼《文訊》雜誌史料數位化的早日完成，提供有志於戰後臺灣文學的研究者，特別是研究戒嚴前後史料的歷史性意義極具價值的參考。（2014.08.13）

設置城市檔案館芻議

認定一個城市的偉大與否，就要以它有無可以代表的圖書館、博物館與檔案館等文明象徵為憑。高雄發生氣爆迄今，對於地下埋設石油、天然氣，和其他工業管線的位置（圖）都還未能確實掌握，明顯暴露出該城市在公共工程方面的檔案管理存有缺失。

2013 年 7 月我有機會應中國檔案學會（局）等單位之邀，在黑龍江省哈爾濱市舉辦的「2013 年海峽兩岸檔案暨縮微學術交流會」中發表論文，並參訪了哈爾濱、牡丹江、寧安、綏芬河等城市的檔案館（局）。

這次的參訪，除了感受到中國東北地區城市經濟的蓬勃發展之外，更令我驚訝的是他們每一城市對檔案館與檔案管理的重視。

在中央編置有檔案局，負責國家檔案館的管理，並督導各城市檔案局（館）的業務。臺灣在 1999 年和 2001 年分別通過《檔案法》和《檔案法實施細則》，目前業務歸國家發展委員會的檔案管理局辦理，但國家檔案館和縣市檔案館的設置成立皆付闕如。

從這次高雄氣爆事件的教訓中，我們更深切地了解到：從一個城市過去與國家發展有關的城市檔案館設置，到一個城市未來與國家發展有關的城市經濟規劃，國家發展委員會的工作與責任更重了。

（2014.08.15）

成立總統圖書館之我見

　　日前臺北市政府正式動土興建「經國七海文化園區」，並建立第一座「總統」圖書館。「經國七海文化園區」係以七海潭周邊環境，和經國故居的七海寓所古蹟為主體。

　　這一項政府施政，我非常贊成，但是其中將設立第一座「總統」圖書館，兼具博物館、研究型圖書館與檔案館的數位圖書館，我則想表示我的見解。我曾經呼籲《蔣中正日記》能保存在臺灣，特別建請政府協助，和蔣家後代盡速解決《兩蔣日記》檔案的版權爭議。試想，「經國七海文化園區」的「總統」圖書館，如果能夠順利在2019年興蓋完成，那又將是政府推動文化創意產業的具體成果。

　　然而，如果《兩蔣日記》的珍貴檔案未能從美國，完璧歸趙回到臺灣，典藏於此。那臺灣《失落社會檔案室》不是又要增加一處了嗎？現在市政府蓋的「經國七海文化園區」，並建立第一座「總統」圖書館，在功能上應該近似中央研究院傅斯年圖書館的研究型專門圖書館性質。

　　我的結論是，如果「經國七海文化園區」的「總統」圖書館，是仿美國歷任總統卸任後，都會設置總統圖書館，而將其冠上第一座「總統」圖書館的名稱，那是不是最好能在我們的《圖書館法》裡，明訂卸任總統得設立總統圖書館，否則就會出現有不贊成設立經國「總統」圖書館的，正如不贊成設立登輝「總統」圖書館的一樣紛擾。至於個人喜惡、或是對其功過是非，就留待每位國民自由去論斷吧！（2014.08.30）

《昭和天皇實錄》與《康熙朝實錄》

　　日本公開的《昭和天皇實錄》複本，直覺就讓我聯想到其與《康熙朝實錄》一樣，都是官方版珍藏的檔案，但這也或多或少留下了有關臺灣歷史的記載。裕仁 1926 年登基，為昭和天皇元年，距離戰敗的 1945 年，剛好統治臺灣 20 年。康熙皇帝於 1683 年將臺灣納入清帝國版圖，1722 年駕崩，整整統治臺灣 40 年。

　　我分別計算出昭和天皇與康熙皇帝的統治臺灣起訖時間，無非是要強調《昭和天皇實錄》與《康熙朝實錄》對研究臺灣歷史的重要性。當然，我們也知道不能盡信官方版的史料，就誠如我們不會完全相信《昭和天皇實錄》，揭密「二戰開戰，非我之意」的裕仁天皇說法。因為，裕仁天皇戰時的行徑與後來檔案記載是和平主義者，顯然有很大的出入。

　　裕仁的成長背景受到乃木希典的影響很深，他求學時期的學校校長就是乃木希典。乃木曾以陸軍中將身分，於 1896 年 10 月至 1898 年 2 月出任臺灣總督，並以軍事血腥手段對付臺灣人的武裝抗日。

　　當明治天皇去世時，裕仁才 12 歲，視這位戰爭英雄乃木希典如父親，加上乃木希典的傳授武士道精神，造就裕仁的軍人性格，很難讓人接受他的戰爭是「非我之意」。

　　回顧臺灣的歷史教訓，每次戰爭的結果都改變了臺灣的命運，陷百姓生靈於塗炭。現在的臺灣人只能祈禱：未來不要再有人想以

戰爭改變臺灣前途之後，妄學《昭和天皇實錄》揭密，裕仁發動戰爭的「非我之意」。（2014.09.10）

曹永和的臺灣海島史觀

　　我接觸曹永和院士的「臺灣島史」概念，可溯自 2000 年拜讀了他的《臺灣早期歷史續集》一書之後，才有比較完整的了解。我深深地被他下面的這段話所折服：

　　「臺灣是一個獨立的歷史舞臺，在這舞臺上，有各種人物於不同時間出來扮演與消逝。今天出現於舞臺的演員，明天將改為別的演員登場。今天和明天的演員有承繼和取代之別，也有『我』類和『非我』類之分，然而演員消逝後舞臺仍然存在。如果只注重個人的政治變遷。政權的更替，就會有歷史斷層的產生，整個社會背景也不會有所連貫。所以我曾經提出『臺灣島史』的觀念，以生息於臺灣島的人民為主題，來看臺灣的歷史。」

　　就是曹先生這一「臺灣島史觀」，影響了我對臺灣經濟發展史的研究。我在 2006 年和 2009 年分別出版的《臺灣經濟發展史略》與《臺灣經濟發展史》，遂援引「臺灣島史」的概念為出發點，衍生相互主體性和歷史整合性的臺灣經濟發展史論述。

　　曹先生和我都不是學歷史出身，我只是酷愛文史，但我敬佩仰曹先生的自學精神，和他對研究臺灣史的真知灼見。

　　回溯 2004 年以前，當我尚未搬離我羅斯福路三段的舊家時，我常會在屬於我們共同的巷子裡，看到曹先生與他的學生一起從曹家走出來，或許他們是要回臺大校園，也有可能他們是正準備去用餐。

　　現在這位受人敬仰的臺灣史大師，以享壽 94 歲的高齡離開人世，但他「臺灣島史觀」的創見，仍然繼續影響著學術界對於有關研究臺灣歷史的發展。（2014.09.13）

《中國近世宗教倫理與商人精神》讀後

首先要向獲頒唐獎漢學類的余英時，和艾森豪國際和平獎的馬英九表示祝賀之意。我的觸及余英時著作，是從我在「文青」時期的閱讀胡適作品時，也讀到余英時在他諸多的作品中，談論有關胡適的學思歷程，和他所敘述與胡適的交往情形。

從我對胡適的研究，除了逐漸瞭解余先生的如何受到胡適思想影響之外，也讓我認識到他和胡適一樣，都是和平的世界主義者，都為追求民主、自由而有所堅持。特別是 2004 年余英時出版《重尋胡適歷程：胡適生平與思想再認識》的專書，彰顯余英時受胡適思想與治學的影響之深。

余先生曾引述胡適的〈說儒〉，並專書出版《中國近世宗教倫理與商人精神》，來論述儒家的重視商人精神和傳統倫理。我在我《文創產業與城市行銷》的〈21 世紀是文創產業的時代〉文中，特別用來引證「客製型」服務的重視企業倫理面。

近年來，更因為我的從事通識教育工作，屢屢重讀余先生的《民主與人文》一書，感觸良多，也敬佩余先生的道德文章。我想余先生的崇尚民主與愛好和平，讓我聯想到馬英九總統的獲頒艾森豪國際和平獎。馬總統獲獎的原因，主要得力於他提出《東海和平倡議》之後，又致力推動東海與南海資源共享，以及主張以和平方式解決諸國的爭端。馬總統的代表中華民國得獎，也是國人的一項共同榮耀。（2014.09.16）

張學良幽禁歲月

張學良新竹五峰的重建故居落成了，館內除展示張學良老照片、手稿、日記外，軍情局、國家發展委員會檔案管理局也提供解密文件記錄複本。主持揭幕的新竹縣文化局，還有受邀來的瀋陽張氏帥府博物館，和西安事變紀念館等代表。

2009 年 12 月我曾參訪奉化蔣氏（介石）故居。故居內有一處「張學良將軍第一幽禁地」，說明了 1937 年西安事變之後，張學良的被幽禁於此。其中展示張帥的一張手稿圖片，上面寫著：「萬里碧空孤影遠　故人行程路漫漫　少年鬢髮漸漸老　惟有春風金還在」。

由於張帥主導的西安事變，不但關係蔣介石的對日抗戰，也影響臺灣的命運與前途。今天我特別翻出 1981 年 9 月 18 日于衡在《聯合報》刊出的〈和中國現代史相關聯的張學良訪問記〉的剪報，文內提到：「張學良在二十年前，寫過一篇〈『西安事變』懺悔錄〉，但未向社會公開，在那篇懺悔錄中，他寫出蔣委員長（中正先生）人格的偉大，和西安事變對國家社會的危害，同時他在事後也察覺到那次事變，是中共頭目周恩來所導演。」

據了解張帥與蔣公有約定，待兩人皆百年之後才可發表。但在 1964 年 7 月國防部一本《希望》月刊曾登載其摘要，卻引發張帥的不悅，《希望》月刊就在剛創刊即被停刊。我不清楚張帥的這篇〈「西安事變」懺悔錄〉，乃至更早之前國民政府於 1937 年 1 月 4 日頒布的特赦令，是否都典藏在我們的國家檔案局。1990 年李登

輝總統同意恢復張帥的自由之身之後，並沒讓他選擇留在臺灣，而是移居終老在夏威夷。（2014.09.21）

張羣故居與蔣中正圖書館

報載臺北士林官邸公園內的張羣故居，臺北市文化局將其改為「蔣中正紀念圖書館」。張羣與蔣中正這二人畢竟代表是兩個不同的主體；故居與紀念圖書館在功能上也是代表不同的用途。

張羣故居讓我想到臺北陽明山和廈門鼓浪嶼的林語堂故居；蔣中正紀念圖書館讓我想到臺北中央研究院的傅斯年圖書館和漳州薌城的林語堂紀念館。

在此，我是有意要凸顯 2011 年 7 月我應漳州市政府之邀，分別參訪了林語堂故居和林語堂紀念館，之後並為文收錄在我出版《文創產業與城市行銷》的書裡。現在我的感想是：廈門鼓浪嶼林語堂故居代表的，是林語堂在廈門大學任教曾於此居住一段時間；漳州薌城林語堂紀念館代表的，是林語堂祖籍和其出生的故鄉。

對照張羣故居既然於 1977 年完工，也已經開放參觀，現在若勉強要將其改為「蔣中正紀念圖書館」，似乎有點名不正言不順。而張羣及其家屬將情何以堪！

更何況改為「蔣中正紀念圖書館」能否發揮應有功能，亦大有疑問？我曾經為文深切盼望有關單位能夠協調，讓目前還存放在美國的《兩蔣日記》能夠回到臺灣來。

屆時，典藏在「蔣中正紀念圖書館」，乃至於設置「近代中國與臺灣研究中心」，當會更具有意義。（2014.09.27）

《文獻人生》與文創產業

　　我在 1960 年代的高中時期，就非常喜歡閱讀和蒐藏有關胡適之先生的作品，特別是開始接觸「文星叢刊」出版的系列書籍，最先買的一本書就是李敖寫的《胡適評傳》（第一冊），除了靈活運用豐富的文獻史料令我欽佩之外，其中蒐錄有頁《競業旬報》（第二十五期）的照相版封面，底下附註「胡適十七歲時候主編的雜誌（光緒三十四年，1908），這是它在五十四年以後，第一次的『照相』（國民黨黨史史料編纂委員會藏）。」的這一段文字。或許胡適十七歲的主編雜誌深深鼓舞著我。

　　1972 年我主編輔仁大學《圖書館學刊》（創刊號）所發表文章，就選擇以胡適為題，發表〈胡適之先生著作書目提要〉一文，另外還在同學所發表《文星叢刊書目提要》的文內，負責撰寫《胡適選集》共十三冊的提要。隔年我創辦系內刊物《耕書集》，我又發表〈《胡適留學日記》底透視〉。

　　上述這一段我與圖書文獻的淵源，是我有感於上（11）月洪敏麟先生的過世。我開始閱讀有關洪先生的生平與著作，是因為 2000 年以後，我的研究重心開始轉向臺灣治安史領域。於是洪先生主編的《日據初期之鴉片政策附錄：保甲制度》（二冊）、《臺灣南部地區抗日分子名冊》（三冊）、《臺灣南部武力抗日人士誘降檔案》，以及他公開表示：「霧社事件」中的兩位抗日英雄花岡一郎和花岡二郎，當時係站在日警那一邊，甚且有幫助異族殺害同胞的可能」

所引發的爭議。我最近閱讀他口述歷史的《文獻人生：洪敏麟先生訪問紀錄》一書，更深入了解了洪先生的一生努力。（2014.12.10）

檔案公開化的呼籲

近年來，臺灣隨著兩岸關係的發展，受到兩岸解讀對日抗戰史觀微妙變化的影響，以及日本在處理釣魚台領土爭議上的衝擊，有關臺灣、中國和日本三者之間，長期以來已存在的歷史糾葛，每每成為臺灣涉外關係的焦點。

茲舉 1945 年日本戰敗之後，因為國民黨和共產黨分別爭奪日軍留下的人員和物質，才會有日本的中國派遣軍總司令岡村寧次不但逃過被槍決的命運，還以他在華北掃蕩共黨的經驗成了蔣介石的顧問，更讓日本軍方人士有機會，當 1949 年國民黨政府撤退來臺，蔣介石處在失去美方支持，但為反攻大陸的情況下，蔣介石是否為了加強軍事訓練，而秘密與其籌組「白團」，和設立「富士俱樂部」的組織。

現在有關蔣介石與這批以岡村寧次為首的日本軍官，是否曾經以私人名義來臺從事軍事訓練的歷程，已成為歷史研究者的重要主題，而且相關的研究論文和私人訪談文字也都陸續被發表出來，甚至於報載「富士俱樂部」的檔案史料目前仍留存在國防大學。可想而知，這批資料在沒有專人專業的管理之下，是很難達成文化資源共享的目標，

如果上述屬實，由於「白團」和「富士俱樂部」的歷史檔案，攸關臺灣、中國大陸和日本三者之間的複雜關係，基於檔案管理的有效運用，這部分的檔案應該盡快送交國家檔案局典藏，並經整理

後，予於公開化，並交由「蔣經國圖書館」典藏，乃至於成立專業性圖書館的「兩蔣研究中心」。（2015.01.05）

兩岸百年的百位大師典範

　　近日我比較注意的兩則文化新聞，一則是「暫代」文化部長洪孟起在備詢立法院審查《博物館法》，因為被國民黨籍立委陳學聖質詢，提到為紀念長春棉紙公司創辦人陳樹火而設立的「樹火紙博物館」，雖極具公益但經營困難，已經「不在了」，讓洪孟啟聽聞之後，感傷「樹火紙博物館」遭遇而對當場落淚。

　　結果會後雖然證實了「樹火紙博物館」仍在，但這掉淚也讓我們感受到這位只能以「暫代」部長的身分，在立法院接受質詢時所凸顯其複雜心情的一面。

　　另一則是從事新聞教育 50 多年，曾寫過《百年報人》的鄭貞銘教授，現又與大陸學者合著《百年大師》的新書。該書分上、下二冊，為兩岸橫跨教育、文學、科學和傳播學等領域的百位大師立傳。

　　我看了《百年大師》讓我聯想起歷史學家吳湘湘，在中華民國建國 60 年出版的《民國百人傳》四冊。從《民國百人傳》到《百年大師》的出版時間，相距已超過了 40 年，這兩套書裡當然所選錄的百人名單也就不盡相同，但其所交織形成的歷史和故事是百年來兩岸文化的剪影，還有訴說不完的兩岸情愫。

　　精準計算 1971 年出版的《民國百人傳》，迄今 2015 年，已經將近 45 個年頭了，如果要說這套書留給我的記憶是，那年我是個窮學生，為了買這四冊精裝本，每部定價新臺幣三百元，我費了很大的勁，好不容易省吃儉用連同稿費才存足得以購買。（2015.01.19）

殖民史觀的國家檔案館省思

　　近日大家熱烈討論殖民議題，殖民歷史是臺灣人集體的心中烙痕。既是如此，我們國人就必須勇於面對它。諸如剛過世的前省立臺灣美術館館長倪再沁，在他生前極力呼籲成立「臺灣流行音樂博物館」，可預見未來的「臺灣流行音樂博物館」，在典藏流行歌曲和人物上，收集領域將溯自臺灣被日本殖民時期的流行音樂，乃至於包括 400 年來臺灣流行於民間的歌曲，都將會是「臺灣流行音樂博物館」收藏的對象。

　　從《文化創意產業發展法》的發展國家文創產業意涵，流行音樂博物館與故宮、國家音樂廳、圖書館、社教館均屬同性質，都可以發揮文創產業功能。2013 年 7 月我曾應中國檔案學會之邀，參加在黑龍江省哈爾濱市舉辦的「2013 兩岸檔案暨資訊微縮學術研討會」。會後走訪黑龍江省檔案館、哈爾濱市檔案館，以及參觀日軍 731 部隊遺址，特別是 731 部隊遺址的陳列館可以了解當時整個化學武器的實驗過程。從檔案館和陳列館的照片、證物和見證人證言，處處可見日本殖民東北的慘酷歷史。

　　臺灣和東北都曾遭遇日本殖民的命運，但是臺灣至今並沒有「國家檔案館」，雖然國家發展委員會檔案管理局日前啟用了國家檔案的庫房，但它是位在聯合辦公大樓的「檔案庫房」，畢竟不是獨立建物的典藏「國家檔案館」。如果想將臺灣被殖民歷史的資料好好典藏、利用、研究，和教育功能，乃至於發揮結合文創的效果，

請儘速完成「國家檔案館」的建置，亦不失為一項政府「在地化」施政的重要政績。（2015.02.04）

文學題材的電影文創

　　今（6）日從萬隆到雙連的捷運途中，我還是習慣地翻閱報紙，看到一則報導與生命有關，特別引起我關注蕭紅生平的電影——《黃金年代》。這部電影由許鞍華導演，監製與編劇由李檣擔綱。我最先接觸到蕭紅，是我的一位同事，他經歷過對日抗戰和國共戰爭，1949 年隨國民政府來臺，單身一人。當他知道我喜歡閱讀 1930 年代的人物與著作，就送我當時 1982 年初剛出版的《夢迴呼蘭河》。

　　我才清楚蕭紅是 1930 年享譽中國文壇的作家，她命途雖然多難，只活到 31 歲，而且從事寫作的時間只有 9 年，但是她留下的文學作品，足以充分反映她活著的那個年代，更拾獲無數讀者的心靈，包括我那已故的同事。

　　我一直喜歡閱讀歷史和文學作品，由歷史和文學改拍的電影我也非常喜歡。記得在嘉義念高中的時期，因為手頭不充裕，實際上有能力和機會看得起的電影也不多，但令我印象最深刻的電影，就是改拍自作家無名氏的《塔裡的女人》和《北極風情畫》。

　　尤其是在我那自認「文青」的年代，有這種電影，儘管自己省吃儉用，還是不會放過的。到了大學時期看的是帕斯傑爾納克的《齊瓦哥醫生》，以後看的是雨果的《悲慘世界》等等。當年我看文學題材所改拍的電影，還沒有出現「文創產業」的經濟效益概念。今天，我從報上看到許鞍華導演，李檣監製與編劇的《黃金年代》，

內容是勾勒文學家蕭紅短暫 31 年的生命跌宕起伏，和內心情感的波動。

　　有好的文學作品、又有好的導演與編劇，改拍成的好電影，誰說文學題材的電影文創所創造出來的經濟效益不可行？（2015.02.06）

故宮南院的在地化範例

近日國立故宮博物院指責嘉義縣政府製作毛公鼎倒數計時器，以配合故宮南部院區博物館大門工程，以免延誤工期。了解嘉義縣政府為什麼要在位於南院基地旁製作毛公鼎倒數計時器，源自於該項工程進度一再拖延，導致縣府採取此種方式，催促故宮南院的開館能夠順利達成。

國立故宮博物院典藏 69.6 萬餘件冊文物，都屬國寶級作品，在國際上極負盛名，一年參訪的人數高達 500 萬人次。近年來更隨著陸客來臺人數的遞增，臺北故宮又都被選定為觀光景點，除了為故宮增加門票的收入之外，也為故宮周邊的文創產品帶來商機。

1970 年代初期，我在大學唸書的時候，我的老師蔣復璁、昌彼得等都來自故宮博物院，上課每每聽他們細數故宮的故事，和這些寶物如何由國民政府非常辛苦船運到臺灣來。所以，他們會說中華民國到臺灣來，除了帶了一部憲法和資深國會立委、監委、國代之外，尚能代表中華民國政府和中華文化的就屬臺北故宮的寶物了。故宮南院的全稱是「國立故宮博物院南部院區——亞洲藝術文化博物館」，它與臺北故宮典藏的作品會有什麼區別？有一點可以肯定的是，臺北故宮寶物的輪流南下展覽，代表的深層意義是中華文化的「在地化」（泥土化）深根。

君不見近日臺南「奇美博物館」開館以來的盛況，以及未來可能創造出來的產值。我們期望預定 2015 年底對外營運的故宮南院

博物館，能比美「奇美博物館」，同時，建立故宮在地化文創產業發展的模範。（2015.02.07）

書法藝術的文字視覺之美

　　我的好友郭信福秘書長,寄來他屏東旅北同鄉書法家梁永斐先生《遊藝輔仁》的兩本書藝展專輯。我真的非常感謝郭秘書長的用心與美意,他的用心是希望提供我能夠蒐集更多講授「文化創意產業」的資料;他的好意是希望我能夠認識他同鄉,現任國立中正紀念堂管理處梁副處長的書藝之美,以提升我的生活美學。

　　我猶記得那年的千禧年,也是受惠於信福兄的餐會安排,讓我有機會認識 1995 年獲得國家文藝獎書法類的得主薛平南教授。席中承蒙薛教授不棄我這位書道上的外行人,送我《薛屏南書法集》、《薛平南千禧聯集》二本大作。在此,我謹借臺南鄉親曾永義教授在《薛平南千禧聯集》序言的形容薛教授:「他聚精會神觀覽名蹟,揣摩各種書法體勢;他含茹英華,體會刀筆精微;因此他顯得很忙碌。而一旦豁然開悟,意到筆隨,或松煙灑落,或切玉昆吾,則莫不龍蛇飛動,莫不遊刃有餘。這時他便感到很自得。」

　　薛教授的工作室就在羅斯福三段的臺電大樓對面,2004 年我家未搬離溫州街的時,有次我和小孩在溫州公園的路上遇見薛教授,還特別趨前握手寒暄,並期望我們也能培養出書印藝術家來,只是我們一家人都沒有這天份,也少份勤勞精神。我不擅書法,但敬仰有才藝書法家。我的研究室現還掛著當年我和林志穎父親德雄兄一齊去看他好友舉辦的書法展。我喜歡這副對聯,因為它頗能道出我當年回學校教書的心境。這書法的文字是這樣寫的:「無事且從閒處看」、「有書時向靜中觀」。這幅字一直掛我在我的研究室,除

　　了平日讓我可以欣賞書法藝術的文字視覺之美外，更陪伴著我度過學術研究的孤寂歲月。（2015.02.12）

成立國家鐵道博物館

　　文化部國定古蹟審查委員會 15 日決議，臺北機廠全區保留作為國定古蹟，使得爭論多年的臺北市政府同意臺鐵將全區 17 公頃的土地分割開發案，有了關鍵性的結果，和文化部在未來將規劃為國家級鐵道博物館的具體方向。

　　臺北機廠啟用於 1930 年代中葉的日本統治臺灣時期，是負責臺灣火車維修、組裝、保養等作業的重要場域，也是當前臺灣現存規模最大且歷史最悠久的鐵路車輛修理工廠，更見證了臺灣工業發展的歷程。

　　臺北市文化局先後於 2000 年 5 月將臺北機廠員工浴室指定為市定古蹟；2013 年 1 月又將臺北機場的組立工場、鍛冶工場、原動室為市定古蹟，以及總辦公室、客車工場、柴電工場都登錄為歷史建築。

　　如今文化部全區保留的國定古蹟，活化了臺北機廠，讓文化資產再創價值。保留歷史古蹟，也就是保留了我們生活的共同記憶。一個失去記憶的國度，猶如一個沒有傳承的家族。

　　我們要為文化部的國定臺北機廠古蹟鼓掌，接下來要努力的，就是維修和維護的費用，這是需要面對的棘手問題，希望大家一同發揮集體力量，早日完成國家鐵道博物館的工作。（2015.03.07）

白先勇紀錄片的歷史意義

　　5 月 28 日作家白先勇發表《關鍵十六天：白崇禧將軍與二二八》的歷史紀錄片。該紀錄片是以訪談，搭配老照片、舊影片的內容為主，主要呈現其父親白崇禧任國防部長時，於 1947 年 3 月 17 日來臺，至 4 月 2 日離臺的在臺這 16 天期間，除了奉命特來臺灣「宣慰」，要查明臺灣發生二二八事件的實際情形之外，並採取權宜處理。

　　根據白先勇、廖彥博在《止痛療傷──白崇禧將軍與二二八》的記述：「3 月 26 日（來臺第十日）上午在臺北賓館，接見省參議會議長黃朝琴等五人。陳儀長官與楊亮功監察使亦分別趨訪。另外，又接見國大代表鄭品聰、原住民國大代表南志信與臺東卑南族總頭目馬智禮等人。」白先勇認為，相較於已發表的書籍《止痛療傷》，紀錄片影像的衝擊力比文字更大。紀錄片比書多了一段白先勇和原住民領袖馬智禮之孫馬來盛的對談。

　　白先勇「紀錄片影像的衝擊力比文字更大」這句話，讓我聯想起，由丁雯靜拍製《臺灣人在滿州國》的紀錄片。該紀錄片主要介紹臺灣在日本統治時期，有一群年輕人離鄉背井到中國東北打拼，主要的當中人物除了出生新竹的謝介石之外，他還當上滿洲國的外交總長、駐日大使的重要職務，還介紹來自屏東的年輕作家鍾理和。

　　《關鍵十六天：白崇禧將軍與二二八》與《臺灣人在滿州國》的這兩部紀錄片，不但為我們紀錄了那時代、那些年、那人物、那

事件的發生經過，也為我們保存了重要的歷史文獻。歷史只有凝固成記憶，才能持久。白先勇和鍾理和二人在文學上的成就，更豐富了我們發展臺灣文創產業的文化底蘊。（2015.05.30）

《藝術家》雜誌的歷史文化長河

　　今（2015）年6月5日《藝術家》雜誌在國立臺灣博物館南門園區舉行成立40周年慶。40年時光，對於歷史文化長河可以不算長。如果以現代人的平均壽命來計算，或許已是半個人生歲月。但是能持續40年，能完全不脫期的辦一份雜誌，《藝術家》雜誌社長何政廣的獲頒金鼎獎特別貢獻獎，是另一個「文化部長」，實至名歸。

　　我在大學時期對於出版業的工作充滿憧憬，一方面是因為自己所學科系的關係，一方面是受到老師影響。當年由楊家駱主持世界書局時，出版的加工古籍「中國學術名著」（精裝八百冊）；當時我也買了該書局出版的《資治通鑑》和《史記》，至今還收藏保存。楊教授據估計其所主編的書籍多達一千五百巨冊。

　　迄今已經40多年，現在要列舉出如世界書局和楊家駱，有這磅礡氣魄者已不多見，當然現在的時空環境和數位電腦進步也不可同日而語。可是現在臺灣出版界正為圖書要不要統一定價傷神呢？要不要把書籍視為文化商品保護，或是遵循自由市場規則，文化部長洪孟啟的政策要求同仁以振興閱讀為優先，透過各種政策工具活絡出版市場。由經濟部主導，有助於文創產業發展的《有限合夥法》已經立法通過，期望臺灣能催生更多類似魏德聖、吳寶春等創意者，可用名聲、技術或創意作價，且找到創投合組公司，來為文創產業發展投注更多資金的活水。如果文化部也能夠早日依《文化創意產業發展法》第七條，完成政府應捐助設立財團法人文化創意產業發

展研究院，相信臺灣當會產生更多的《藝術家》雜誌與「文化部長」。
（2015.06.07）

李友邦蘆洲家族的歷史記憶

　　本月 14 日臺灣抗日名將李友邦遺孀嚴秀峰過世,享年 95 歲。
李友邦 1906 年出生於現在的新北市蘆洲區,少年時期就讀臺北師
範,即參加林獻堂、蔣渭水領導的「臺灣文化協會」,並在夥同抗
日青年襲擊海山郡新起派出所後,離開臺灣進入「祖國」,後畢業
於黃埔軍校,並被派主持由國民黨兩廣省工作委員會領導的「臺灣
地區工委會」。李友邦從此歷經抗日戰爭、臺灣光復後主持臺灣區
三民主義青年團、被牽連228事件、擔任國民黨臺灣省黨部副主委,
和臺灣新生報發行人等要職。

　　1952 年李友邦以因涉有關「匪案」為由,未經審判即遭槍決。
或許這又是一樁由於身陷國共內戰、參加聯手抗日,卻導致臺灣人
角色複雜與矛盾,所衍生的不幸歷史悲劇。而嚴秀峰浙江杭州人,
是於 1930 年代末期加入李友邦所領導的「臺灣義勇隊」,由結識
進而結婚,並在臺灣光復後,隨夫來到臺灣。然而,嚴女士卻在先
生受槍決的前 2 年,早亦因捲入有關「匪案」被判服刑 15 年。

　　出獄後的嚴女士除了要養家糊口、養育小孩之外,還要忙於為
先生出書、為先生舉辦研討會來討回歷史公道。李力群在〈我堅強
的母親嚴秀峰〉一文所述:「邁入老年的母親又負挑起另一個出人
意外的挑戰,奉獻李友邦將軍故居——蘆洲李宅古厝為文化古
蹟。……也只母親,憑著她那『世界上沒有做不到的事』的堅強的
意志力,經過 20 幾年的奮鬥,古厝終於在 2006 年整修完成,開放

參觀。」嚴女士不但為先生的一生留下事蹟；而保存與整修蘆洲李
宅祖厝，也代表為其家族留下共同的歷史記憶。（2015.06.19）

卷尾語

《拙耕園瑣記》自 2014 年 7 月 5 日起迄 2017 年 1 月 7 日，在這兩年多的時間裡，我陸續在臉書（face book）「無所不談」的，採取自述性散文的方式書寫，現在我要向各位支持《拙耕園瑣記》的臉友，道一聲「再見」。

之所以要停止書寫《拙耕園瑣記》的第一個理由，今年適逢母親百歲，我決定將《拙耕園瑣記》中，有關我對母親的記述文字，增刪成書為《我的百歲母親手記──拙耕園故事》。

另外，我也針對《拙耕園瑣記》中，有關記述故鄉臺南後壁的文字稿，匯集成《臺南府城文化記述》一書；另外有關中央廣播電臺廣播稿和臺灣日報專欄的文字稿，則彙集成《近代名人文化紀事》一書。上述三書都已將交由方集出版社，以紙本書和電子書出版。

第二個理由，今（7）日接到元華文創公司蔡佩玲總經理的 email，敬知《臺灣政治經濟思想史論叢》一書，該公司決定發行簡體版的電子書，我的部分時間和精神，必須貫注在這本書的審閱。乃至於騰出時間，增修我正撰寫《臺灣治安史綱》和《臺灣特色資本主義發展》的專書。

第三個理由，因為我已經開始構思撰寫《輔園瑣記系列》和《溫州街瑣記系列》，分別來記述我自 1970 年進入輔仁大學的學校生活，和 1978 年起到 2004 年期間，居住在溫州街的生活點滴。

　　在此，我要向臉友道聲「再見」的是，未來我仍將採《拙耕園瑣記》的方式，在我筆名陳天授的臉書上，發表的《輔園瑣記系列》和《溫州街瑣記系列》，敬請各位好友繼續指教。（2017.03.07 夜）

國家圖書館出版品預行編目(CIP) 資料

臺南府城文化記述 / 陳添壽著. -- 初版. --
新竹縣竹北市：方集,2019.12
　　面；　　公分

ISBN 978-986-471-265-6 (平裝)

1.人文地理 2.鄉土文化 3.鄉土文學 4.臺南市

733.9/127.4　　　　　　　　108021722

臺南府城文化記述

陳添壽　著

發 行 人：蔡佩玲
出 版 者：方集出版社股份有限公司
公司地址：新竹縣竹北市台元一街 8 號 5 樓之 7
聯絡地址：100 臺北市重慶南路二段 51 號 5 樓
聯絡電話：(02)23511607
電子郵件：service@eculture.com.tw
出版年月：2020 年 01 月 初版二刷
定　　價：新臺幣 390 元

ISBN：978-986-471-265-6 (平裝)

總經銷：聯合發行股份有限公司
地　　址：231 新北市新店區寶橋路 235 巷 6 弄 6 號 4F
電　話：(02)2917-8022　　　　傳　真：(02)2915-6275